LOS POCOS

Un Llamado al Camino Menos Transitado -
El Camino a la Intimidad Con Dios!

Por David Mayorga

Traducido por Vanessa Rodriguez

Publicado Por

SHABAR PUBLICATIONS
www.shabarpublications.com

ÍNDICE

Prefacio. 5

Introducción 7

Primera Parte 11

Capítulo 1: "Vi Yo Al Señor" 12

Capítulo 2: Ninguno Mayor Que Estos 24

Capítulo 3: Hay Más! 30

Capítulo 4: Obediente a Las Visiones Celestiales 37

Capítulo 5: Ya No Vivo 44

Capítulo 6: Amaestrado Por El Señor 54

Capítulo 7: Viviendo En Otro Mundo 68

Capítulo 8: Ejecutando Las Instrucciones del
             Cielo en La Tierra 74

Capítulo 9: ¡Fidelidad! 80

Capítulo 10: Una Historia Con Dios 91

ÍNDICE

Segunda Parte 102

Capítulo 11: ¡Sé Sobrio! 103

Capítulo 12: Padre, ¡Quiero Conocer Más de Jesús! ... 113

Capítulo 13: El Corazón de Dios,
              Debe Tener La Preeminencia 123

Capítulo 14: El Otro Lado 132

Capítulo 15: No Puedo Esperar a
              Enamorarme De Jesús 142

Capítulo 16: La Obediencia Es Antes Que
              La Bendición 153

Capítulo 17: Reconociendo Las Puertas
              De Oportunidad 163

Capítulo 18: Renovando Nuestras Vidas
              en el Espíritu Santo 173

Capítulo 19: La Impresionante Fragancia de Jesús 182

Capítulo 20: El Reino No Es Para
              Personas De Doble Ánimo 189

ÍNDICE

Capítulo 21: Las Marcas de Un Vaso Dispuesto 200

Capítulo 22: Transformado en Otro Hombre 210

Capítulo 23: La Incredulidad, El Mayor Obstáculo
De Dios - Parte 1 220

Capítulo 24: La Incredulidad, El Mayor Obstáculo
De Dios - Parte 2 230

Capítulo 25: La Incredulidad, El Mayor Obstáculo
De Dios - Parte 3 239

Información General 249

PREFACIO

Estoy muy emocionado por este libro. Es como degustar una deliciosa comida preparada y presentada en un restaurante muy fino. Lo cual contrasta con los fideos Ramen, los macarrones y el queso de las comidas que acostumbramos a comer. A pesar de que estas comidas rápidas son muy ricas, estas proveen muy poco de los nutrientes que nuestros cuerpos realmente necesitan.

Este libro no los decepcionará. Está colmado con más de la suficiente nutrición espiritual para mantenerte en marcha en los años que vendrán.

David no es nuevo en el ministerio, ha servido por más de veinte años como pastor y hoy en día dirige varias Escuelas Bíblicas donde está buscando derramar conocimiento y experiencia en la vida de otros. No de esas universidades típicas de la Biblia con campus de lujo y listas de la facultad de grado; sino más bien, grupos de estudiantes que se reúnen semanalmente en diferentes iglesias incluyendo una escuela en México.

En lo que a mí respecta, esto habla mucho de este hombre y su misión. Tal vez él no sea famoso, pero creo firmemente que él es conocido en el cielo que al final de todo es lo que más importa.

El profeta Elías entró en escena declarando: "Vive Jehová, Dios de Israel, en cuya presencia estoy" Elías no pretendió ser graduado de algún colegio o universidad cristiana, sino que decidió ser alguien que vivía en la presencia de Dios.

Este libro es escrito por un hombre que ha pasado tiempo con Dios.

Léelo y creo que tú también estarás de acuerdo.

Encuentra un lugar tranquilo donde puedas apartarte de todas las distracciones y disfruta de esta comida preparada y nutricionalmente sana. Te encontrarás satisfecho y sin embargo desearás más.

-David Ravenhill, *Autor and Maestro*,
Siloam Springs, Arkansas.

INTRODUCCIÓN

Hace años que llevo esta carga en mi corazón por la iglesia de Dios y finalmente tuve la oportunidad de escribirlo y compartir mi corazón con aquellos que tienen hambre de lo mismo.

Cuando escribo o hablo de "Los pocos", de ninguna manera estoy haciendo o tratando de degradar a los creyentes que se sienten parte de "Los pocos". Ciertamente, hay muchos que creen estar siguiendo a Dios de la mejor manera posible y sin duda están buscando "el llamado más elevado de Dios en Cristo Jesús".

El tipo de creyente que yo llamo "los pocos" es aquel que ha alineado voluntariamente su corazón al corazón de Dios y diariamente busca la pasión de Dios en su vida y el propósito por el cual fue llamado.

Considero a Noé como uno de mis primeros ejemplos: Dios tenía algo en su corazón y necesitaba un hombre que él pudiera usar para manifestar su deseo. ¡Él eligió a Noé! ¿Por qué Noé? ¿Por qué no alguien más de los tiempos de Noé?

Aparentemente Noé tenía una fuerte comunión con Dios y cuando Dios necesitó hacer algo especial, Él acudió con la persona que Él conocía y en la cual confiaba. No tengo duda alguna de que Noé era parte de "los pocos".

Aquí está otro ejemplo dado por Jesús en una parábola: "Respondiendo Jesús, les volvió a hablar en parábolas, diciendo: El reino de los cielos es semejante a un rey que hizo fiesta de bodas a su hijo; y envió a sus siervos a llamar a los convidados a las bodas; mas éstos no quisieron venir. Volvió a enviar otros siervos, diciendo: Decid a los convidados: He aquí, he preparado mi comida; mis toros y animales engordados han sido muertos, y todo está dispuesto; venid a las bodas. Mas ellos, sin hacer caso, se fueron, uno a su labranza, y otro a sus negocios; y otros, tomando a los siervos, los afrentaron y los mataron. Al oírlo el rey, se enojó; y enviando sus ejércitos, destruyó a aquellos homicidas, y quemó su ciudad. Entonces dijo a sus siervos: Las bodas a la verdad están preparadas; más los que fueron convidados no eran dignos. Id, pues, a las salidas de los caminos, y llamad a las bodas a cuantos halléis. Y saliendo los siervos por los caminos, juntaron a todos los que hallaron, juntamente malos y buenos; y las bodas fueron llenas de convidados. Y entró el rey para ver a los convidados, y vio allí a un hombre que no estaba vestido de boda. Y le dijo: Amigo, ¿cómo entraste aquí, sin estar vestido de boda? mas el enmudeció.

Entonces el rey dijo a los que servían: Atadle de pies y manos, y echadle en las tinieblas de afuera; allí será el lloro y el crujir de dientes. Porque muchos son llama-

INTRODUCCIÓN

dos, y pocos escogidos" (Mateo 22:1-14)

Así como muchos no atendieron a la invitación de rey cuando él estaba preparando una cena para su hijo, lo mismo sucede hoy en día.

Ha habido una tremenda ola de tibieza espiritual en el creyente de hoy y lo que causa mayor decepción es que muchos creyentes lo aceptan y no sienten el deseo de "seguir" a Jesús con pasión.

Lo único que me brinda consuelo es la última frase de las escrituras: **"Porque muchos son llamados, y pocos escogidos"**. ¿Quiénes son esos pocos? ¡Aquellos que lo han elegido a EL! A pesar de que muchos no quieren ser parte de "los pocos", Dios aún tiene siervos que están en comunión con Él.

Por favor comprende que de ninguna manera estoy tratando de crear división a través de este escrito, incluso cuando algunos opinen lo contrario. Mi corazón verdaderamente arde por la salud espiritual del cuerpo de Cristo y el cumplimiento de los anhelos de Dios aquí en la tierra.

Una de mis oraciones ha sido que, a través de este libro, muchos puedan ser ministrados poderosamente y se conviertan en aquellos que Dios usa para traer un avivamiento para la cosecha más grande que está por venir.

INTRODUCCIÓN

Sí, yo creo que Dios tiene amigos especiales y también creo que Dios tiene favoritos. ¿Quiénes son esos amigos favoritos? Aquellos que lo prefieren a Él. Sí, aquellos que se han ligado a Dios con pasión para convertirse en uno de "los pocos".

En este libro he explicado de manera general algunas características las cuales considero son un tremendo potencial para cambiar tu vida si tú las recibes con un espíritu humilde y dispuesto a ser enseñado.

Permítele al Espíritu Santo llevarte a un nivel más alto en Cristo, mientras que otros buscan el auto-engrandecimiento y la auto-realización lejos de la visión de Dios para la restauración, tú determina tu corazón para ahora ser parte de "los pocos".

-David Mayorga, *Director de Masterbuilder Ministries,* Palmhurst, Texas

LOS POCOS
Parte I

"Muchos son llamados,
pocos los escogidos."

1

VI YO AL SEÑOR

"En el año que murió el rey Uzías vi yo al Señor…" (Isaías 6:1)

Uno de los más poderosos encuentros que el hombre haya tenido con Dios fue grabado aquí en el libro de Isaías. Fue tan poderoso que estremeció a este profeta hasta lo más profundo del corazón.

Muchos hoy están experimentando encuentros poderosos con Dios; encuentros como este tienen la tendencia de dejar "una marca" en ti, tienen el poder de cambiar tu vida y hacer mucho más.

Aquellos que anhelan ser parte de "los pocos" deben ser capaces de ver al Señor. Al menos que uno haya experimentado el tremendo impacto causado por Dios a través de una visión, un sueño u otro tipo de encuentro personal, el siervo de Dios se quedará deseando más.

Aquellos que desean ser usados por Dios deben permitirle a Dios hacer Su voluntad en sus vidas, este sería el principio. Veamos lo que Isaías vio: **"En el año que murió el rey Uzías vi yo al Señor sentado sobre un trono alto y sublime, y sus faldas llenaban el templo. Por encima de él** había serafines; cada uno tenía seis alas; con dos cubrían sus rostros, con dos cubrían sus pies, y con dos volaban. Y el uno al otro daba voces, diciendo: Santo, santo, santo, Jehová de los ejércitos; toda la tierra está llena de su gloria. Y los quiciales de las puertas se estremecieron con la voz del que clamaba, y la casa se llenó de humo. Entonces dije: ¡Ay de mí! que soy muerto; porque siendo hombre inmundo de labios, y habitando en medio de pueblo que tiene labios inmundos, han visto mis ojos al Rey, Jehová de los ejércitos". Y voló hacia mí uno de los serafines, teniendo en su mano un carbón encendido, tomado del altar con unas tenazas y tocando con él sobre mi boca, dijo: "He aquí que esto tocó tus labios, y es quitada tu culpa, y limpio tu pecado. Después oí la voz del Señor, que decía: ¿A quién enviaré, y quién irá por nosotros? Entonces respondí yo: Heme aquí, envíame a mí." (Isaías 6:1-8)

Existen tres cosas que son vitales para aquellos que ambicionan ser parte de "los pocos", las cuales veremos en esta porción de la Escritura.

VIENDO A DIOS

La primera cosa que "los pocos" descubren es que ellos deben ver a Dios.

Viendo a Dios transformará tu vida.

De una manera extraña la revelación que recibes al verlo a Él, hace que tu espíritu esté atento. Traslada consigo eternidad para mezclarse con tu espíritu humano y te transporta a otro nivel.

En otras palabras, todo lo que faltaba en tu ser natural ahora ha sido provisto en lo sobrenatural, no es como convertirte en Superman, pero tus facultades han sido alteradas y ahora posees el potencial dentro de ti para alinear tu vida con la de Dios.

MI PROPIA VISIÓN DE DIOS

Recuerdo perfectamente esta experiencia como si hubiera sido anoche. Fue el verano de 1989, después de regresar a casa del servicio del domingo en la tarde, que empecé a sentir un revuelo en mi espíritu. No pude explicarlo, sin embargo, estaba ahí y era real.

Hasta ese momento en mi vida, yo había sido un creyente por algunos años y me había involucrado en mi iglesia local. Tuve que decidir ser un fiel seguidor de Jesús, asistiendo a la iglesia tanto como me fuera posible y si el trabajo lo permitía.

Además, había empezado a dar mis diezmos y asistir ocasionalmente a un estudio bíblico realizado durante la escuela dominical.

En cuanto a los cultos del domingo por la tarde, estaba preocupado, realmente no me gustaba asistir, después de todo, era solo una reunión de pocas personas donde todos parecían querer quedarse dormidos en cualquier instante, tenía el presentimiento que a nadie le importaba estar ahí. ¿Sarcasmo? No lo creo.

Era uno de esos servicios en los cuales yo asistí con mi esposa- ¿por qué asistí?, solo Dios sabe.

Aún recuerdo que el predicador desafiaba a la congregación a ir e impactar el mundo. Él decía una y otra vez: "¡Alguien tiene que impactar la cuidad, la nación, el mundo!" Por alguna razón, yo no tenía tanto sueño, pero verdaderamente yo sentí que algo estaba pasando dentro de mí.

Cuando el servicio hubo finalizado, mi esposa me pregunto si quería ir a comer algo, yo le contesté que no tenía apetito, ella pensó que yo estaba molesto y me preguntó si había algún problema a lo cual respondí que no.

Pero en lo profundo de mi ser seguía siendo conmovido y no sabía cómo expresarlo. Creo que estaba enojado con algo o con alguien y sabía que no era con el predicador.

Esa misma noche, me fui a dormir temprano porque necesitaba despertarme temprano para estar en el trabajo a las 7:00am. Eran aproximadamente las dos de la mañana cuando tuve un sueño.

En este sueño me empecé a ver a mi mismo parado en la calle del centro de McAllen. Mientras estaba ahí, un hombre (quien en mi sueño era Jesús, el Señor) apareció y me preguntó si me importaría caminar con él la siguiente cuadra. Y le respondí: "Claro, ¿Por qué no?" Cuando llegamos a la siguiente cuadra, Él se detuvo y empezó a dibujar en el aire, Él hizo un dibujo invisible de un edificio y me preguntó si podía verlo, Yo respondí: "Si" entonces Él caminó de regreso conmigo al lugar donde lo había visto la primera vez. Después el sueño terminó.

Rápidamente me desperté de mi sueño y pensé en lo raro que había sido y lo real que se había visto, después de eso no pude dormir, de nuevo todo lo que pensaba era acerca del sueño y lo que podría significar. Enseguida, después de dar vueltas y vueltas en mi cama, decidí levantarme a orar.

En esa mañana mientras oraba, tuve una visión o algo parecido, estaba en mi cuerpo o fuera de él, no lo sé, pero en esta visión yo veía toda la pared del lado este de mi cuarto de oración transformándose en una pantalla de televisión y mi sueño reapareció en ella. ¡Wow! ¡Estoy hablando de un set de televisión gigante!

En esta visión, lo mismo que había visto en mi sueño se repetía una y otra vez en la pantalla, pero en esta ocasión yo era el que estaba observándolo, como si fuera un desconocido. Vi la repetición del sueño con la diferencia de que cuando regresé al lugar donde Jesús me encontró, escuché una voz que me decía: "David, ¿Irás por nosotros?

Esta voz provenía de algún lugar, era tan fuerte y clara en mi espíritu que yo sabía que era el Señor. Él me estaba llamando a una vida de devoción y consagración para Su gloria y rápidamente respondí con excusas.

"Señor, ¡Aún tengo mucho pecado oculto, y no soy digno!

El Señor dijo: "Yo te limpiare"

Yo respondí: "Aun tengo mucha basura del mundo escondida en lugares donde nadie sabe"

Él dijo: "Yo me encargare de ello"

"Señor, no se mucho de la Biblia"

Él afirmó: "Yo seré tu maestro"

Finalmente dije: "Señor, no quiero ir a otras naciones"

El Señor respondió: "Solo dame tu corazón"

Desearía poder decir que rápidamente subí al vagón para seguir a Jesús, pero me tomó cerca de tres horas para decidir si verdaderamente quería servir a Jesús en ese nivel.

Después de que el Señor esperara por un momento mi respuesta, contesté: "Sí Jesús, tómame y úsame para tu gloria".

Parecía como si hubiera una gran cantidad de ángeles que esperaban esta respuesta y ¡sucedió!

Tan pronto como respondí "Sí" una caldera llena de aceite descendió desde el techo. Esta caldera bajó y se colocó unas ocho pulgadas arriba de mi cabeza, en seguida comenzó a inclinarse para ser vertido dentro de mi cabeza, no sobre mi cabeza.

Empecé a temblar conforme el aceite se derramaba dentro de mi cabeza y caí al suelo sin fuerzas. Cuando el aceite terminó de derramarse, la caldera volvió al techo y desapareció.

Posteriormente me arrastré hacia afuera del cuarto de oración y me dirigí a mi recámara. Mi esposa me preguntó que dónde había estado y le contesté: "No lo sé, creo que con Dios". Eran como las 5:00am y casi la hora para levantarme e irme al trabajo.

Después de esta experiencia, supe que algo diferente había pasado. Tenía la sensación de que algo maravilloso pasaría en el futuro y sentía el fuego de Dios ardiendo en mi ser, esperando fluir a través de mí.

Comparto esta experiencia contigo con el único propósito de mostrarte como el ver a Dios y experimentar con Dios puede transformar más y más tu vida.

VIÉNDOTE A TI MISMO

El segundo aspecto que debes de ver como parte de "los pocos" es la capacidad de verte a ti mismo.

Cuando tú te miras a ti mismo en la luz de la presencia de Dios, eso te permitirá ver cuán débil y necesitado de Dios eres y te llevará a comprender que apartado de Él nada puedes hacer.

Isaías vio la gloria de Dios primero, después vio su propia pecaminosidad y la necesidad del poder de la limpieza de Dios.

Sin este segundo aspecto de la visión de Dios, tú pensarás que eres tu propio dueño y que no necesitas la ayuda de nadie más para llegar a donde deseas llegar.

Esto genera auto suficiencia y una comida poco saludable para nuestro cuerpo.

Además, una de las cosas más importantes aquí, es que Dios quiere que entiendas nuestro lugar en Él. Él es Dios, Él es el primero, Él es el único que nos da los brillantes propósitos para vivir, etc.

¿Por qué muchos se descalifican para ser parte de "los pocos"? Generalmente los creyentes se desacreditan ellos mismos por la falta de humildad, la humildad básicamente significa poner a Dios primero que todo.

Aquellos que han tenido una relación íntima con Dios entienden que no es por sus propias fuerzas que realizaran Su trabajo.

Una de las cosas que uno puede ver es la necesidad de verse a sí mismo en la luz de la presencia de Dios y la necesidad de vivir consagrado solo para Él.
Aquellos que caminan en compañía de "los pocos" son conscientes de sus asociaciones y del mundo que los rodea. Ellos tienen un corazón increíblemente sensible para sentir la presencia de Dios y saben qué es lo que Él espera de ellos.

VIENDO EL MUNDO

El tercer aspecto que debes de ver como parte de "los pocos", es la capacidad de ver el mundo, las naciones y los perdidos.

Primero Isaías vio al Señor, en seguida se miró a el mismo, y finalmente el vio la necesidad de ir a donde Dios deseaba que él se dirigiera.

Tan pronto como vemos al Señor, toda nuestra manera de pensar se ve afectada por la manera de pensar de Dios. En ocasiones, rápidamente cambiamos esta forma de pensar y a causa de nuestras costumbres pecaminosas luchamos con el Espíritu Santo.

Pienso que Isaías ya tenía un plan establecido para su vida el cual se modificó cuando este encuentro ocurrió. Sin embargo, mientras contemplaba la muerte del Rey Uzías, algo profundo dentro de su ser lo llevó a atender y a estar en la presencia de Dios.

¿Alguna vez has estado en la misma situación? Las circunstancias están cambiando alrededor tuyo, te sientes confundido y perdido, pero mientras sufres ese adormecimiento espiritual, Dios llega e irrumpe, mejor aún, tú te encuentras realizando lo que consideras que debes hacer y de repente Dios aparece y cambia todo.

"Los pocos" son los siervos de Dios quienes ven, sienten y buscan a Dios con un corazón quebrantado y son quienes arrebatan el reino celestial. Ellos son verdaderamente los que caminan con el final en mente. Todo lo que hacen es con la mentalidad del reino.

DESAFÍATE TÚ MISMO Y VE MÁS PROFUNDO CON JESÚS en el CAPÍTULO 1

1. ¿Has experimentado a Dios de tal manera que ha dejado una marca sobre tu corazón? Si la respuesta es sí, ¿puedes recordar como paso y qué hiciste después de ello?

2. Toma un tiempo ahora mismo para evaluar tu vida antes de Él:
   - ¿Sientes que tienes una relación íntima con Él?
   - ¿Sientes el fuego santo de Dios sobre tu vida?
   - ¿Luchas con adormecimiento y con el espíritu de indiferencia?

3. ¿Estás confiando con Dios con todo en tu vida?
   - Tus relaciones
   - Tu llamado
   - Tu negocio
   - Tu familia
   - Tus finanzas

4. Actualmente ¿estás caminando en la revelación que Dios te dio cuando tuviste tu encuentro con Él? Si tú estás caminando de esa forma es maravilloso, si no es así, pregúntate a ti

mismo ¿Por qué?
- ¿Si no eres tú, entonces quién? ¿Si no es ahora, entonces cuándo?
- Se responsable con la revelación que Dios te dio.

2

NINGUNO MAYOR QUE ÉSTOS

"**No hay otro mandamiento mayor que éstos.**" (Marcos 12:31)

"**Jesús le respondió: El primer mandamiento de todos es: Oye, Israel; el Señor nuestro Dios, el Señor uno es. Y amarás al Señor tu Dios con todo tu corazón, y con toda tu alma, y con toda tu mente y con todas tus fuerzas. Este es el principal mandamiento. Y el segundo es semejante: Amarás a tu prójimo como a ti mismo. No hay otro mandamiento mayor que éstos.**" (Marcos 12:29-31)

Tan pronto como te atreves a realizar el viaje con Dios y te permites ser parte de "los pocos", Dios empezará a mostrarte sus más profundos secretos y deseos. Te elevarás a otra dimensión en la pasión de Dios.

Lo que es interesante acerca de los 10 mandamientos es que Jesús dijo que los dos primeros mandamientos eran los mayores de los otros. Aparentemente, Jesús sabía algo que otras personas religiosas no sabían.

La comprensión básica de que hay un solo Dios y que nosotros somos seres creados por Él, nos debería de llevar a amarlo con todo nuestro corazón, toda nuestra alma y con todas nuestras fuerzas, este es realmente el deber más alto del hombre.

Amar a Dios es más que asistir a la Iglesia o realizar una buena acción para alguien. Amar a Dios requiere una comprensión más profunda e íntima de la persona de Jesús.

El milagro de nacer de nuevo es una puerta que ha sido abierta a nuestra disposición para estar en la presencia de Dios, porque este acceso es el más santo de todos, por la sangre de Jesús, tú puedes entrar y descubrir todo lo que Dios tiene para ti, incluyendo la bendición de conocerlo a Él más íntimamente.

EL PRIMER MANDAMIENTO

El primer mandamiento toma un giro diferente dentro de nosotros cuando le permitimos penetrar nuestras almas y transformar nuestras mentes en el lugar secreto de oración- solo tú y Dios a solas.

Permíteme iniciar diciendo que sin el cultivo frecuente de "un tiempo de silencio" o un tiempo a solas con Dios, el creyente encontrará difícil conocer a Dios más íntimamente, claro la experiencia nos enseña muchas cosas importantes, sin embargo, la experiencia no funciona como sustituto de la comunión con Dios.

Amar a Dios con todo tu corazón, toda tu alma y con todas tus fuerzas incluye más que un solo "ejercicio mental" o una simple meditación, se necesita algo más que meras palabras para entrar en vigor.

Para cultivar cada versículo de la Biblia, practicarlos y hacerlos real en tu vida primero debe haber un reconocimiento de la falta de ello. Después de reconocer tu situación, el Espíritu de Dios lo hará real en ti.

A menos que haya un tiempo verdaderamente designado a Dios en el lugar secreto de la oración, el poder de la palabra no impactará tu espíritu humano.

El objetivo de toda la verdad en la escritura, es que se convierta en parte de lo que somos. Debemos de permitir que la palabra de Dios transforme nuestras mentes. Primero tomamos la decisión de obedecer la palabra, después formamos un comportamiento, luego un hábito y finalmente nos convertimos en lo que Dios desea que nos convirtamos.

Sí, el ser parte de "los pocos" es un poco diferente a un típico seguidor de Jesús, en gran manera, ellos son más responsables.

EL SEGUNGO MANDAMIENTO

Cada persona que ha tenido una comunión con Dios profunda, ha hecho grandes cosas para Dios. ¿Cómo puedes no servir a Dios con deseo y con pasión cuando todo tu ser se ha impregnado de la gloria de Dios en el lugar secreto?

Lo que me encanta de esta experiencia con Dios es que el siervo de Dios, después de pasar tiempo de calidad amando a Dios con todo su corazón, toda su alma y con todas sus fuerzas está listo, preparado para explotar en el mundo terrenal y causar un avivamiento espiritual para alcanzar a los heridos, los quebrantados y por supuesto, los perdidos.

Gran visión, pasión y deseo son nacidos con el primer mandamiento, PERO, grandes hazañas son realizadas y manifestadas para aquellos que toman parte del segundo mandamiento.

Por supuesto este tipo de seguidor no solo está lleno de pasión sino de coraje, los llaman "los pocos".

VIVIENDO EN DOS MUNDOS

"Los pocos" son personas que son tan ordinarias como cualquier persona, lo que hace especial a estos vasos de Dios, es su deseo de caminar la "segunda milla" en todo lo que hacen. Sí, ellos son ordinarios, pero extraordinarios en su deseo de ver el reino de Dios manifestado en la tierra.

Los siervos de Dios de los cuales hablo no solo son felices con estar en el lugar secreto con Dios y a decir verdad ellos oran mucho, ellos están ahí por una razón.

¿Cuál es la razón? Es doble, su intención es ser amigos de Dios. Ellos pasan tiempo en lo secreto para escuchar los secretos de Dios y después de eso, ellos se levantan con la intención de ir e impactar su mundo.

Algunos están bendecidos en el ministerio, otros en los negocios y cualquiera que sea su vocación ellos saben que el ritmo del cielo está sincronizado al "uno-dos" de su latido. Es decir, oran tan fuerte como pueden como si todo dependiera de Dios y trabajan arduamente como si todo dependiera de ellos.

No son "religiosos" como muchos han criticado en nuestros días. Tienen un ojo en el lugar secreto de oración, pero tienen el otro tratando de impactar el mundo con la misma unción que recibieron cuando estaban en el lugar de oración.

DESAFÍATE TÚ MISMO Y VE MÁS PROFUNDO CON JESÚS en el CAPÍTULO 2

1. ¿Alguna vez Dios ha compartido sus secretos contigo en el lugar secreto?

2. ¿Cómo es tu vida personal de oración?
   - ¿Es diaria?
   - ¿Es efectiva?

3. ¿Estás tomando nota de los que Dios te está en señando en su palabra?

4. Haz el esfuerzo de permanecer en la oración sobre una base diaria hasta que seas investido del poder desde lo alto. (Lucas 24:49)

5. ¿Le estás rogando a Dios que te revele Su corazón para obtener ideas de alcance; para adquirir creatividad para alcanzar a los perdidos en tu mundo?

6. Siempre recuerda hacer de tu caminar con Dios con doble intención.

    i. Conoce al Señor de la forma más íntima, dándole tu corazón, tu alma, tu mente y tus fuerzas a Él.

    ii. Camina con el Señor Jesucristo donde quiera que vayas y comparte Su amor y su misericordia con aquellos que no lo conocen.

3

¡HAY MÁS!

"Ni siquiera hemos oído si hay Espíritu Santo." (Hechos 19:2)

"Aconteció que entre tanto que Apolos estaba en Corinto, Pablo, después de recorrer las regiones superiores, vino a Éfeso, y hallando a ciertos discípulos, les dijo: ¿Recibisteis el Espíritu Santo cuando creísteis? Y ellos le dijeron: Ni siquiera hemos oído si hay Espíritu Santo. Entonces dijo: ¿En qué, pues, fuisteis bautizados? Ellos dijeron: En el bautismo de Juan. Dijo Pablo: Juan bautizó con bautismo de arrepentimiento, diciendo al pueblo que creyesen en aquel que vendría después de él, esto es, en Jesús el Cristo. Cuando oyeron esto, fueron bautizados en el nombre del Señor Jesús. Y habiéndoles impuesto Pablo las manos, vino sobre ellos el Espíritu Santo; y hablaban en lenguas, y profetizaban. Eran por todos unos doce hombres." (Hechos 19:1-7)

ES COMO ESCALAR UNA MONTAÑA

Dejar de escalar una montaña cuando sabes que aún hay más para subir antes de llegar a la cima, debería ser un crimen. Por el contrario, si originalmente esa era tu meta, entonces significaría un gran logro.

Hace años leí una historia de cómo la gente se esforzó para escalar la montaña más alta del mundo—El monte Everest alcanzando aproximadamente 29,029 pies sobre el nivel del mar. Trataba de como los escaladores se preparaban para estar listos para el gran desafío.

A pesar de toda la fanfarria y todo el escándalo que rodea a los escaladores, solo unos pocos llegan a la mitad del camino, pues no es un desafío fácil.

El artículo continuaba diciendo que para cuando los participantes alcanzaban la mitad del camino, la mayoría de ellos, habían perdido la visión de llegar a la cumbre. Concluían que el punto medio era mejor que nada y se conformaban con la mediocridad.

¿Cuántas personas en el reino de Dios tienen la misma actitud cuando se trata de las cosas de Dios? Cuando me refiero a "las cosas" de Dios estoy hablando de Su propósito eterno y su plan para nosotros que creemos en Él.

VENCIENDO LA MEDIOCRIDAD

Mediocridad es una realidad que muchas personas están viviendo. ¿Qué es mediocridad? Mediocridad es ser promedio, estar a medio camino de la montaña; a mitad del camino.

Muchos creyentes que podrían ser y deben ser parte de "los pocos" se encuentran luchando con cosas menores en lugar de buscar el gran llamado de Dios en Cristo Jesús.

Los servidores más distinguidos de Dios son normales en su apariencia, pero poderosos en su llamado, tienen una visión con la cual avivan sus deseos de ser productivos en la obra de Dios y ser usados para impactar y estremecer el mundo.

Cuando conversas con ellos sobre tener hambre de Jesús, no significa lo mismo como para otras personas. Para muchos tener hambre significa: "Leer la Biblia, asistir a la iglesia e incluso ayudar cuando lo necesiten".

En otras palabras, tener hambre para algunos puede significar hacer lo que es correcto, pero no más. Sentir verdaderamente hambre espiritual significa anhelar que el propósito de Dios se cumpla aquí en la tierra y no descansar hasta ser parte de él.

"NI SIQUIERA HEMOS OIDO SI HAY ESPÍRITU SANTO..."

El pasaje bíblico usado en este capítulo habla de los hermanos que estaban en Éfeso. Estos creyentes en particular ya se estaban moviendo en la piedad y habían aceptado el bautismo de Juan para el arrepentimiento, pero no habían entrado realmente en el caminar de la vida con Dios.

Para ellos el seguir a Jesús solo era una cosa superficial hasta...Sí, hasta que el apóstol Pablo les enseñó que había más de Dios para ellos. Ellos podían llenarse más en Jesús a través de su Espíritu Santo fue entonces cuando Él oró y fueron saciados, lo demás es historia.

Verdaderamente siento en mi corazón que muchos creyentes llegan a sentirse contentos demasiado rápido, dejan de escalar la montaña con Dios por el primer obstáculo que les atraviesa. Lo que es peor aún, tienen el descaro de decir "El Señor me dijo que me detuviera aquí". Llegan a la conclusión que eso es lo más lejos que avanzaran y deciden dejar de escalar.

ENTONCES HUBO UN MOISÉS Y UN JUAN

Para aquellos que han dedicado toda su vida para hacer TODO por Dios, les invito a aprender de los escaladores espirituales como Moisés y Juan (El revelador).

Estos vasos de Dios atendieron al llamado y escalaron hasta alcanzar la cima de la revelación y fueron transformados por la gloria de Dios. **"Entonces Jehová dijo a Moisés: Sube a mí al monte, y espera allá, y te daré tablas de piedra, y la ley, y mandamientos que he escrito para enseñarles."** (Éxodo 24:12)

¿Es suficiente empezar a subir con Dios y no terminar?

¡Claro que no!, debes de entender que, si Dios ha extendido la invitación para que se unan a Él en la aventura de escalar a su encuentro, es que hay un propósito en ello.

"Los pocos" entienden que ir más arriba y más profundo con Dios es la única manera de satisfacer esta insaciable hambre de más.

En el libro de Apocalipsis, el Apóstol Juan tuvo una experiencia similar. **"Después de esto miré, y he aquí una puerta abierta en el cielo; y la primera voz que oí, como de trompeta, hablando conmigo, dijo: Sube acá, y yo te mostraré las cosas que sucederán después de estas."** (Apocalipsis 4:1)

Esta experiencia es lo mismo que subir la montaña para estar con Dios, así como Moisés lo hizo.

Juan vio una puerta abierta en el cielo, luego una voz llamándolo a "subir aquí' ¿Cómo puede Juan ignorar esa voz? Incluso si él quisiera fingir que estaba sordo, no hubiera sido capaz; era tan real, tan poderoso; sí, y era demasiado convincente como para ser ignorado. Evidentemente, el Señor quería **"mostrarle a Juan las cosas que sucederían…"**

YA NO FUNCIONA COMO DE COSTUMBRE

Una vez que acostumbras a moverte por revelación o una vez que hayas experimentado invitaciones celestiales, tú estarás fastidiado de la ordinaria vida cristiana. Ir a la iglesia con el motivo de solo "mostrar tu cara" se vuelve tedioso.

"Los pocos" ya no están interesados en agradar a los hombres, sino a Dios. Han visto "algo" y ese "algo" ha cautivado sus ojos espirituales.

Ellos están viviendo sus vidas al ritmo de un tambor diferente. Todo acerca de ellos (toda su persona, todo su ser) grita: "debe haber algo más que pueda sentir, tocar, ver, saborear con mis sentidos naturales- ¡debe de haber algo más para mí!

¿Qué podemos decir acerca de esta gran pasión? ¿Cómo lo podremos explicar? ¿Acaso intentamos describir el anhelo detrás de "los pocos"? mi única explicación es que ellos han sido impregnados con algo de otro mundo.

En el siguiente capítulo, continuaremos explorando como estas impregnaciones espirituales ocurren y cómo es que tienen el poder para transformar vidas.

DESAFÍATE TÚ MISMO Y VE MÁS PROFUNDO CON JESÚS en el CAPÍTULO 3

1. ¿Estás satisfecho con tu vida personal en este momento?

2. ¿Estás satisfecho con lo que Dios ha depositado en tu vida o tienes hambre de algo más?

3. Si no estás satisfecho con lugar espiritual donde te encuentras, ¿qué estás haciendo para cambiar esa sensación de insatisfacción?

4. ¿A menudo te encuentras cayendo en la mediocridad?
   - Mediocridad significa a medio camino de la montaña- a mitad del camino.

5. ¿Sientes que frecuentemente empiezas nuevas cosas y nunca las terminas?

6. ¿Cuándo fue la última vez que oraste: "¡Dios! llévame más alto en mi caminar contigo"?

4

OBEDIENTE A LAS VISIONES CELESTIALES

"...No fui rebelde a la visión celestial..." (Hechos 26:19)

"Mas yendo por el camino, aconteció que, al llegar cerca de Damasco, repentinamente le rodeó un resplandor de luz del cielo; y cayendo en tierra, oyó una voz que le decía: Saulo, Saulo, ¿por qué me persigues? Él dijo: ¿Quién eres, Señor?" (Hechos 9:3-5)

YO CIERTAMENTE HABÍA CREÍDO

Durante el encuentro que Saulo de Tarso tuvo de camino a Damasco, vemos sin lugar a dudas que Dios ya tenía todo preparado. Era obvio que Saulo de Tarso estaba en una misión y quizás estaba bajo la influencia de una visión terrenal.

Saulo de Tarso sintió que sus deseos eran puros y justos y que este sentimiento en particular era un tipo de "luz verde" si él causaba estragos en la iglesia de Cristo.

Saulo literalmente pensó que estaba haciendo lo correcto y que ese era un trabajo honorable llevando a los cristianos a la cárcel y golpeándolos. Escucha a un hombre que es conducido por su propia visión terrenal.

"Yo ciertamente había creído mi deber hacer muchas cosas contra el nombre de Jesús de Nazaret; lo cual también hice en Jerusalén. Yo encerré en cárceles a muchos de los santos, habiendo recibido poderes de los principales sacerdotes; y cuando los mataron, yo di mi voto. Y muchas veces, castigándolos en todas las sinagogas, los forcé a blasfemar; y enfurecido sobremanera contra ellos, los perseguí hasta en las ciudades extranjeras."
(Hechos 26:9-11)

Uno de los peligros de las visiones terrenales, frescas o/y carnales es que suelen nacer del egoísmo y por lo tanto solo producen actos egoístas.

Mucho de lo que hemos escuchado de las personas que dicen tener visiones de esto no es nada más que un corazón insatisfecho que necesita "atención"-claro, gran parte de ello es un grito de desesperación para que los demás los aprueben.

Generalmente las personas que tienen sueños y visiones egoístas terminan solas, vacías y secas.

Saulo estaba decidido a actuar con sus propias fuerzas y aparentemente eso sería impresionante para sus contemporáneos.

Su visión era sin duda egoísta HASTA que Jesús apareció.

RECREACIÓN

Otra cosa que quiero señalar es este principio: El principio de recrear con tus manos lo que pierdes en tu alma, esto es algo que no todos pueden discernir al principio, pero desafortunadamente vivirá para ver cuán vacío es construir algo con el único propósito de agradar a los hombres y no a Dios.

"Los pocos" en mi opinión, son los más agudos y los más exigentes cuando se trata de esta cuestión. La mayoría de los creyentes estuvieran contentos por hacer cualquier cosa por Jesús - incluso si Jesús quiere que se construya o no se haga.

"Los pocos" difieren en esta área. Ellos realmente han hecho Salmos 127:1 real en sus vidas. Escucha y considera este fragmento de consejo celestial: **"Si Jehová no edificare la casa, En vano trabajan los que la edifican; Si Jehová no guardare la ciudad, En vano vela la guardia"**. (Salmos 127:1)

Existen constructores que construyen porque Dios ha puesto ese deseo en sus corazones, también hay quienes construyen debido a un sentimiento de culpabilidad. No hay intimidad con Dios - así que lo mejor que se puede hacer es construir algo que Dios aplauda. Esta es la trampa de muchos creyentes, corren y corren tras su propia mente.

Sinceramente creo que Dios quiere construir, mover, edificar y ministrar mediante la intimidad con Él. "Los pocos" son aquellas personas que entienden este principio.

GOLPEADO DE FRENTE

Cuando la luz lo golpeó y lo tumbó de su caballo, Saulo finalmente despertó. Toda su visión terrenal fue eclipsada por la visión celestial. No sé con certeza cuánto tiempo tarda una persona en conocer a Dios en este nivel o cuánto tiempo tienes que haber vivido en estupor para que Dios te encuentre, pero lo que sí sé es que – cuando Dios finalmente viene- ¡Él viene!

Cuando medito en aquellos llamados "los pocos" es obvio que estas personas han sido tocadas por Dios y esto los ha separado (ha distinguido) del cristiano común

Pareciera que han sido aprehendidos por una poderosa convicción de darlo todo por Jesús. Cuando ellos hablan de obediencia por alguna extraña razón, ellos se refieren a la obediencia como un nivel nuevo y una comprensión completamente diferente.

Hay algo en "los pocos" que los distingue al hablar de seguir a Dios. Cuando hablan de seguir a Jesús es más que simplemente hacer favores. Para ellos el seguir a Jesús, se trata de toda disposición, complacencia y sacrificio. Realmente creen conocer a Dios profundamente.

Ellos afirman que nada es imposible para ellos porque Dios los ha impactado de una manera sobrenatural y ahora están revestidos de su poder en su gloria y su poder. ¿Has conocido algún siervo de Dios con esta profunda seguridad y convicción?

DISCERNIMIENTO ESPIRITUAL

Una de las muchas características que he encontrado en "los pocos" es que son personas con un tremendo discernimiento. Pueden sentir el mover de Dios como muy pocos lo sienten. Pueden identificar cuando la "nube" se está moviendo o se queda y por cuánto tiempo.

Están constantemente trabajando duro para estar bien alineados con Dios y tener un conocimiento agudo de lo que pasa a su alrededor.

Una cosa es tener una visión celestial y otra es conocer la Fuente de donde vino.

A través de las visiones celestiales "los pocos" disciernen los anhelos de Dios. ¿Podrías?

DESAFÍATE TÚ MISMO Y VE MÁS PROFUNDO CON JESÚS en el CAPÍTULO 4

1. ¿Te ha dado Dios una visión para tu vida? Si aún no lo ha hecho, lo hará. Todo lo que tienes que hacer es pedirle a Dios que se revele a tu vida.

2. Una de las llaves del éxito en Dios, es la obediencia. Una vez que Dios se te revele a ti de alguna manera o forma el siguiente paso será obedecer inmediatamente su palabra. ¿Te has movido en la visión de Dios?

    - Muchos sueños y visiones del Señor mueren en el mar de la incredulidad.

    - Sueños y visiones de Dios han muerto por miles de millones cuando el siervo de Dios no corre con el respaldado por la revelación de Dios.

3. Tenga en cuenta que: cuando una persona se cansa de trabajar para Jesús, puede ser que se haya estado moviendo en "la carne" en lugar de moverse en la gracia y el poder de Dios. Evalúate y asegúrate de estar haciendo exactamente lo que Dios pide de ti.

4. Estar ocupado por Jesús no significa exactamente que tú te estés moviendo en la voluntad de Dios

para tu vida. Cerciórate de que estás construyendo para el reino de Dios y no para tu propio reino.

5

¡YA NO VIVO YO!

"Con Cristo estoy juntamente crucificado, y ya no vivo yo, mas vive Cristo en mí; y lo que ahora vivo en la carne, lo vivo en la fe del Hijo de Dios, el cual me amó y se entregó a sí mismo por mí." (Gálatas 2:20)

Mientras reflexiono acerca de las personas quienes forman parte de "los pocos", recordé el gran encuentro del Apóstol Pablo con Dios en su camino a Damasco. Sin duda alguna era el tiempo de la revelación de Dios para él.

Saulo de Tarso no solo fue derribado de su caballo por una luz brillante, Saulo vio a Jesús el Rey cara a cara.

Que gran encuentro debe haber sido para este celoso fariseo. Que poderosa revelación del Hijo de Dios fue revelada a Saulo de Tarso. El encuentro fue tan poderoso que Saulo fue estremecido hasta lo más profundo de su corazón. Solo escucha esto: **"El, temblando y temeroso, dijo: Señor, ¿qué quieres que yo haga?"** (Hechos 9:6)

No hay nadie que pueda decir, "¿Qué quieres que yo haga?" –al menos que haya tenido la experiencia del poderoso milagro de nacer de nuevo.

¿Es de extrañarse que escribiera algunas de las palabras más poderosas de su ministerio encontradas en el libro de los Gálatas? Estas palabras de devoción conmovieron y seguirán conmoviendo el corazón de un verdadero seguidor de Jesús. Si lees "en el Espíritu", ellos irán a las partes más profundas, ¡sí, a la médula espinal de nuestro hueso espiritual!

Déjame intentar revelarte algunos de los secretos encontrados en Gálatas 2:20 como instrucción de "los pocos".

Estos secretos son características para aquellos que verdaderamente creen que sus vidas ya no les pertenecen; tienen la revelación que le pertenecen a Cristo Rey.

CON CRISTO ESTOY JUNTAMENTE CRUCIFICADO, Y YA NO VIVO YO.

El Apóstol Pablo comienza este versículo con estas poderosas palabras, **"¡Ya no vivo yo!"**, es de suma importancia entender esto bien; este hecho realidad debe ser fundado en el corazón de cada seguidor de Jesús.

Para ser parte de "los pocos", tú debes de abrazar la experiencia de la cruz.

Al llegar a confrontar la realización de que "estas muerto a ti mismo" y que "ya no vives más" puede hacer gran diferencia en tu caminar con Dios. Si tienes poca comprensión de este hecho, siempre lucharás en tu vida cristiana.

Siempre sentirás que tu caminar con Dios es como escalar una montaña que es tan alta que parece inalcanzable.

Ahora, el siervo de Dios que se apodera de esta verdad sabrá que su vida ha sido puesta voluntariamente "a un lado" por el bien de la vida en Dios para entrar eventualmente a través de Él.

"Ya no vivo yo" es una poderosa declaración que se hace cuando el corazón es llenado de amor, perdón, pasión y deseo por Dios.

Cuando el siervo de Jesús entiende esta verdad, no luchará con su identidad nunca más. Cuando Cristo viene a gobernar su vida, el siervo sabe muy bien que él tiene que hacerse a un lado y permitir que el Rey de Reyes tenga su lugar legítimo.

MAS VIVE CRISTO EN MÍ

El otro aspecto acerca de Gálatas 2:20 tiene que ver con la continuidad de esta experiencia.

Esta experiencia tiene que ver con morir primero para después permitir una transferencia de vida, la vida de

Dios.

El hecho de morir a sí mismo es el comienzo de una maravillosa vida con Dios. Tan maravilloso como puedes sentirte por venir a Cristo y entregarle tu vida, debes entender que esto es solo el principio, hay algo más para ti.

El "más" para ti es encontrado: "mas vive Cristo en mí". Cuando el siervo le permite a Dios entrar en su vida, una poderosa transformación comienza apoderarse de él.

El derramamiento del poder de Cristo empezará a descender sobre la vida del creyente junto con su deseo de agradarle en todas las cosas.

Otra de las cosas que el creyente recibe de Dios es Su mente. La habilidad de pensar como Dios lo hace, saber qué es lo que Dios está pensando todo el tiempo, es también provisto por el Espíritu Santo de Dios el cual está trabajando ahora en él.

VIVIENDO POR FE AHORA

Quizá una de las claves en este versículo es que hecho de que cuando mueres en Cristo y Él entró en ti a través de su Espíritu, tú también resucitaste.

Ya no estás colgado de una cruz, sino que caminas en Su

poder-el poder de la resurrección. Ahora estás siendo guiado y dirigido por las palabras de Dios en la tierra. Ahora eres un ser supernatural.

Cualquier cosa que Jesús hizo aquí en la tierra, donde Él fue rechazado, tú también la puedes hacer. Puedes moverte en un poder sobrenatural con el propósito de demostrar el reino de Dios en la tierra. Ahora eres capaz de hablar de la verdad de Dios con poder y confianza.

Lo más importante aquí es reconocer que ya no estás muerto, sino vivo en Cristo para hacer su trabajo aquí en la tierra.

Como parte de "los pocos" debes entender que tienes la responsabilidad de demostrar cómo es una persona resucitada en medio de un mundo frío.

DOS NATURALEZAS, DOS ESCENCIAS

Otro punto importante de ser siervo de Dios y parte de "los pocos" es la mentalidad de la dualidad.

En los tiempos que vivimos, muchos creyentes luchan severamente con la superación.

Un mundo lleno de codicia, pecado, egoísmo y muchas formas de corrupción parece siempre tenerlos abajo.

La mayor parte de su caminata cristiana no ha sido nada más que una continua lucha por permanecer puros y concentrados en Jesús.

¿Por qué ocurre esto? ¿Por qué siempre esperan un día sin pecar? Todo su caminar con Jesús ha sido un círculo vicioso de pecar y arrepentirse, pecar y arrepentirse, etc.

La forma de vencer este círculo vicioso en tu caminar, está relacionado con la mentalidad de cómo te ves a ti mismo.

Carne contra Espíritu. Muchos de los creyentes se ven a sí mismos viviendo para Jesús con una vida atrapada en un cuerpo de pecado.

Se ven ellos mismos hambrientos de pecar, pero saben que no les es permitido.

Una de las cosas que tienes que comprender es que tú has sido libertado de la ley y de la muerte. Ya no estás en la esclavitud de tu carne, ya no. Tu carne ha sido crucificada en la cruz y ahora estás viviendo la vida de otro.

Cuando uno se concentra en la carne y en la debilidad, la cual proviene de ella, empezamos a inventar excusas de porqué caemos.

Comenzamos a decir cosas como: "Yo no soy perfecto",

"solo soy un humano" o "¡todos pecamos!"

En el minuto que empieces a decirte: "¡Necesito no pecar! ¡Necesito no pecar!"- es cuando pecarás. ¿Por qué? Porque estás intentando retenerlo con tu propio poder.

Es ahí cuando te das cuenta que no tienes dos naturalezas, pero si tienes una que supera a la otra, si le prestas atención a la naturaleza egoísta, ¡te atrapará! Si tú la ignoras cuando te llama y en lugar de ello obedeces lo que el Espíritu de Dios desea para ti, tú la vencerás.

La excusa que usamos diciendo que tenemos dos naturalezas o naturalezas duales ha sido un baluarte sobre el siervo de Dios. Tuviste una vieja naturaleza y esa misma ha sido tratada en la cruz. Ahora posees una nueva naturaleza, que, si es obedecida, le traerá gloria a Dios.

UN INSTRUMENTO PARA DIOS

"Ni tampoco presentéis vuestros miembros al pecado como instrumentos de iniquidad, sino presentaos vosotros mismos a Dios como vivos de entre los muertos, y vuestros miembros a Dios como instrumentos de justicia." (Romanos 6:13)

Aquellos que pertenecen a "los pocos" entienden que han sido apartados para ser un instrumento de Dios. Tienen claro el propósito por el que Dios los salvó. Saben que la salvación por medio de Jesucristo es solo el comienzo de una vida, que potencialmente puede hacer una gran diferencia en el mundo entero.

Cuando uno es nacido de nuevo, él entra en la vida de Dios y la vida de Dios entra en él. Esto es lo que te hace diferente.

Vivir con el entendimiento de que has sido apartado para uso de la obra de Dios te mantiene enfocado en cumplir Su misión.

Cuando permites que el pecado te arrastre y le permites a tu carne que domine tus pensamientos, entonces te encontrarás luchando una guerra que no ganarás.

Por otra parte, si el siervo de Dios cree que ahora está muerto así mismo y vivo de los muertos para servir a un Dios vivo, esta es la verdad que lo cambiará por siempre.

El ahora caminará con conocimiento y entendimiento del por qué él fue nacido de nuevo.

VIVIENDO PARA ÉL

"y por todos murió, para que los que viven, ya no vivan para sí, sino para aquel que murió y resucitó por ellos."

(2 Corintios 5:15)

Ser conquistado por Juan 3:16 y comprender la profundidad del amor de Dios por la humanidad perdida es tan importante como entender 2 Corintios 5:15 y la poderosa afirmación que dice: **"ya no vivan para sí, sino para aquel que murió"**.

Realmente creo que este versículo debe colocarse en el corazón de cada creyente. Aquellos quienes son parte de "los pocos" comprenden bien este versículo. Han sido consumidos en la presencia de Dios y disciernen la importancia de vivir para Él.

Vivir para Él es más que una elección voluntaria. Una vez que asimilas como la sangre de Jesús te ha comprado, descubrirás la responsabilidad que tienes con el Maestro.

Para ser parte de "los pocos" verdaderamente debes entender que ya no vives tú, pero Cristo vive en ti.

DESAFÍATE TÚ MISMO Y VE MÁS PROFUNDO CON JESÚS en el CAPÍTULO 5

1. Después de venir a Cristo y rendirte a Él, ¿Hiciste al Señor Jesús tu todo?

2. ¿Te has preguntado alguna vez esta penetrante

cuestión? ¿Qué tan salvo soy?

3. Pablo dijo: **"ya no vivo yo, mas vive Cristo en mí."** ¿Esta porción de la escritura trae gran desafío a tu vida espiritual?

4. Desde que tú creíste en Cristo y lo hiciste tu Rey:
    - ¿Todavía fijas tus afectos a cosas terrenales?
    - ¿Todavía tientas a Dios?
    - ¿Todavía le robas a Dios?
    - ¿Aún quieres gobernar tu propia vida, en lugar de permitirle a
    Su Espíritu Santo que la gobierne?
    - ¿Te has despedido del mundo con todos sus deseos carnales y sus juegos insensatos?

6

AMAESTRADOS POR EL SEÑOR

"Y pasando Elías por delante de él, echó sobre él su manto. Entonces dejando él los bueyes, vino corriendo en pos de Elías…" (1 Reyes 19:19-20)

¿Por qué "los pocos" son llamados "los pocos"? ¿Por qué se distinguen en la parábola como… **"muchos son los llamados, más pocos los escogidos?"** ¿Por qué fueron ellos escogidos? ¿Por qué no otros? ¿Está diciendo algo Dios a nuestros corazones a través de esta parábola? ¿Puedes verlo? ¿Puedes escucharlo? ¿Puedes sentir su corazón en estas palabras?

"Los pocos" son las personas que ven a Dios en una luz muy diferente y son rápidamente atraídos a Su presencia. Ellos solo tienen una meta en su mente- conocerlo a Él.

Mientras seguimos nuestro viaje con "los pocos", sería una gran bendición ir más profundo y ver la motivación que impulsó a estos vasos de Dios.

Veamos este versículo en particular mientras abrimos nuestro corazón para entender por qué "los pocos" son una atracción para Dios.

Básicamente creo que la razón de esta atracción es la humildad, pero no es de extrañarse que Dios los ha tocado a ellos y ahora ellos quieren tocarlo a Él.

ALCANZADO POR JESÚS

"No que lo haya alcanzado ya, ni que ya sea perfecto; sino que prosigo, por ver si logro asir aquello para lo cual fui también asido por Cristo Jesús." (Filipenses 3:12)

Una de las combinaciones más poderosas de palabras que he descubierto en todos los escritos del Apóstol Pablo se encuentran aquí: **"...prosigo, por ver si logro asir aquello para lo cual fui también asido por Cristo Jesús."**

Para pertenecer a "los pocos" debes saber que Dios ha impregnado algo en ti y ahora llevas en tu vientre espiritual algo directamente del cielo, ya no puedes quedarte sentado y simplemente "agradecer a Dios" porque te ha salvado ni seguir con tu vida cotidiana.

¡No puedes seguir recostado (descansando, sentado, durmiendo) viendo las multitudes de almas en el valle del letargo espiritual! ¡No! ¡Esto no puede suceder si Dios ya te ha alcanzado!

Dios buscó a Pablo y finalmente lo alcanzó y lo atrapó; ahora Pablo está siguiendo a Dios. Esta es la esencia de alguien que ha sido tocado por Dios- todo lo que tú quieres hacer es tocar a Dios. Todo lo que haces es con el objetivo de tocarlo a Él.

Lo mismo pasó con el hombre de Dios llamado Eliseo. Él estaba trabajando en sus propios asuntos, hasta que Elías apareció y arrojó su manto sobre él.

EL PRECIO DE SEGUIR

"Partiendo él de allí, halló a Eliseo hijo de Safat, que araba con doce yuntas delante de sí, y él tenía la última. Y pasando Elías por delante de él, echó sobre él su manto. Entonces dejando él los bueyes, vino corriendo en pos de Elías, y dijo: Te ruego que me dejes besar a mi padre y a mi madre, y luego te seguiré. Y él le dijo: Ve, vuelve; ¿qué te he hecho yo? Y se volvió, y tomó un par de bueyes y los mató, y con el arado de los bueyes coció la carne, y la dio al pueblo para que comiesen. Después se levantó y fue tras Elías, y le servía." (1 Reyes 19:19-21)

Una vez que Eliseo experimentó el manto de Dios, ya no quiso trabajar en la labranza, ganar dinero o complacer a nadie más. Dios tocó a Eliseo. Todo lo que él quería ahora era a Dios. Todo lo que deseaba era que su vida fuera sumergida en Dios.

¿Es este tu ruego? ¿Sientes la dimensión espiritual de los

que componen "los pocos?

Eliseo vendió todo lo que había ganado para abrazar todo aquello que lo hizo profeta.

Él besó a su familia, se despidió y se marchó a aprender de los caminos de Dios, los caminos de "los pocos".

Cuando uno es acercado a Dios de esta manera, es con el propósito de amaestrar tu vida. Dios está amaestrando tu vida y preparándola para un uso mayor. Aunque has sido útil en el pasado, todavía te falta por descubrir tu mayor potencial, el cual encontrarás tan pronto como le permitas al Señor usar tu vida.

AMAESTRADO POR EL SEÑOR

¿Alguna vez has escuchado la palabra "arnés"? La palabra arnés es definida como correas para animales. Es usado para controlar la dirección de un animal como los caballos o los bueyes. Es decir, se usa el "arnés" para algo o alguien que debe ser tratado y dirigido por alguien para un propósito más grande y de mayor utilidad.

Si se deja solo un caballo y se le confía su capacidad para ser productivo, lo más probable es que el caballo no lo será. Probablemente solo gaste el tiempo comiendo pasto o simplemente estaría de ocioso en el campo.

Con ello llegamos a la conclusión de que ser "amaestrado" es muy importante si se quiere obtener productividad de algo o alguien, el Señor también amaestra aquellos que cree que son útiles para sus propósitos.

Él te celara con amor y te acercara a su pecho. Él te separará para su entrenamiento mientras que otros continúan trabajando en su propio trabajo y a su propia manera.

"Los pocos" son los siervos de Dios quienes han sido amaestrados por Él. Dios se ha apoderado de ellos y ahora sus corazones solo palpitan al ritmo del corazón de Dios. No tienen ningún deseo de perseguir sus deseos carnales o sus ambiciones… y ahora son cautivados por Dios.

Años atrás leí una historia escrita por Bill Britton. Realmente me impactó de una manera tan profunda y comprendí claramente como Dios prepara aquellos que más tarde impactarán la tierra. Esta es la visión de Bill Britton:

Vi el carruaje del Rey

En el camino de tierra en medio de un amplio campo se miraba un hermoso carruaje, era algo como una orden de diligencia, pero todos los bordes de oro y de hermosas esculturas. Era empujado por seis caballos grandes de color castaño, dos al frente, dos en medio y dos en la parte trasera, pero no se movían, no arrastraban el carruaje y me pregunté por qué.

Entonces vi un conductor debajo del carruaje, con su espalda en el suelo justo detrás de los talones de los dos últimos caballos, pues estaba trabajando en algo en medio de las ruedas delanteras del carruaje.

Yo pensé, "Él está en un lugar peligroso, porque si uno de los caballos patea o al dar un paso lo pueden matar o si deciden avanzar hacia adelante o se asustan de alguna cosa, tirarían el carruaje justo encima de él."

Pero el parecía no tener miedo porque sabía que esos caballos eran disciplinados y no se moverían hasta que él les dijera. Los caballos no estaban golpeando con sus pies, ni estaban inquietos y aunque tenían campanas en sus patas, estas campanas no se movían ni tampoco emitían sonido. En sus arneses tenían pompones sobre sus cabezas, pero los pompones tampoco se movían. Simplemente estaban quietos esperando la voz del Maestro.

Había Dos Pequeños Potros En El Campo

De la misma manera que vi los caballos amaestrados, vi también dos pequeños potros saliendo al campo los cuales se acercaron al carruaje y parecían decir a los caballos: "Vengan a jugar con nosotros, tenemos muchos juegos buenos, compitan con nosotros, vengan atrápenos y los potros patearon sus talones, dieron un golpe con sus colas y corrieron a través del campo, pero cuando vieron atrás y notaron que los caballos no los seguían se sorprendieron pues no sabían nada acerca del arnés (amaestramiento) y no entendieron porque los caballos no quisieron jugar.

Entonces ellos dijeron: "¿Por qué no corren con nosotros? ¿Están cansados? ¿Se sienten débiles? ¿Están enfermos?, ¿No tienen fuerzas para correr? Están muy tranquilos, necesitan disfrutar la vida, pero los caballos no respondieron ni una sola palabra, ni tampoco movieron los pies o sacudieron su cabeza, permanecieron tranquilos esperando aún la voz de su Maestro.

De nuevo los potros volvieron a decirles: "¿Por qué están en el fuerte sol? Vengan aquí a la sombra de este agradable árbol, ¿ven que tan verde es la hierba?, deben de tener hambre, vengan y coman con nosotros, está muy verde y muy delicioso. Se miran sedientos, vengan a beber de nuestros abundantes arroyos de agua limpia y fresca" pero los caballos le respondieron sin ni siquiera mirar. Aún estaban sin moverse, esperando la orden de avanzar junto con el Rey.

Potros en el corral del Maestro

Después de eso la escena cambió, y vi lazos de cuerda caer sobre los cuellos de estos dos potros, enseguida fueron llevados al corral del Maestro para ser preparados y para aprender disciplina.

Estaban tan tristes porque los hermosos campos verdes habían desaparecido y habían sido puestos en el encierro del corral lleno de lodo y con una cerca muy alta. Los potros corrían de extremo a extremo, buscando libertad, pero entendieron que estaban confinados a ese lugar de entrenamiento. Fue entonces cuando el Maestro empezó a trabajar con ellos, con Su Látigo y Su Freno.

¡Qué castigo para aquellos que habían estado toda su vida a semejante libertad! No podían entender la razón de esta tortura, de esta terrible disciplina. ¿Qué crimen tan grande habían cometido para merecer esto?

Conocían poco de la gran responsabilidad que tendrían cuando se sometieran a la disciplina, cuando aprendieran a obedecer completamente al Maestro y terminar su preparación. Todo lo que sabían es que ese proceso era el más terrible que habían experimentado.

Sumisión y rebelión

Uno de los potros se rebeló durante el entrenamiento y dijo: "Esto no es para mí, a mí me gusta la libertad, las colinas verdes y mis ricas corrientes de aguadulce, ya no estaré más en este confinamiento, en este terrible entrenamiento. Así que encontró la manera de escapar, brincó la cerca y corrió felizmente de nuevo a la pradera. Me sorprendió que el Maestro lo dejó ir y no fue tras él, pero él dedicó su atención al potro que quedaba.

Este potro, aunque había tenido la misma oportunidad de escapar decidió someter su propia voluntad y aprender de los caminos del Maestro.

El entrenamiento se hizo más difícil que nunca, pero el rápidamente estaba aprendiendo más y más como obedecer hasta el más pequeño deseo del Maestro y responder incluso a la tranquilidad de su voz.

Entendí que, si no hubiese habido entrenamiento o alguna prueba, no hubiera habido una sumisión y una rebelión de ninguno de los dos potros.

En el campo ellos no tenían que decidir si rebelarse o someterse, en su ignorancia ellos estaban sin pecado. Pero cuando fueron llevados al lugar de la prueba, del entrenamiento y de la disciplina se manifestó la obediencia de uno y la rebelión que estaba oculta en el corazón del otro y aunque parecía más seguro no llegar al lugar de la disciplina debido al riesgo de ser encontrado rebelde, vi que sin esto no habría un compartimiento de Su gloria y ninguna identidad.

Dentro Del Arnés

Finalmente, el periodo de entrenamiento se había terminado. ¿Era ahora él recompensado con su libertad y enviado de vuelta a los campos? oh no, pero un gran confinamiento cual nunca obtuvo, recibió al caer el arnés sobre sus hombros. Ahora se daba cuenta que no tenía la libertad para correr incluso dentro del pequeño corral, pues con el arnés solo podía moverse donde y cuando el Maestro le decía. Al menos que le Maestro hablara, él permanecía quieto.

La escena cambió y observé al otro potro parado a lado de la colina, mordisqueando algo de hierba. Enseguida a través de los campos, por el camino llegó el carruaje del Rey, estirado por seis caballos.

Con asombro vi que, en la cabecera, a lado derecho estaba su hermano, ahora era fuerte y maduro gracias al maíz del establo del Maestro.

Vio sus lindos pompones sacudidos por el viento, observó el reluciente arnés dorado alrededor de su hermano y escuchó el hermoso tintineo de las campanas en sus pies entonces la envidia entró en su corazón.

Así que se quejó con él mismo: ¿Por qué mi hermano ha sido tan honrado y yo he sido abandonado? Nadie ha puesto campanas en mis pies, ni pompones en mi cabeza.

El Maestro no me ha dado la maravillosa oportunidad de estirar su carruaje, ni ha puesto sobre mí el arnés dorado. ¿Por qué han escogido a mi hermano y no a mí? Y mediante el Espíritu la respuesta vino a mí mientras observaba. "Por cuanto uno se sometió a la voluntad y disciplina del Maestro y el otro se rebeló, se ha escogido a uno y el otro ha sido apartado.

Una Hambruna en la Tierra

Después vi una gran sequía extenderse por el campo y la hierba verde se volvía muerta, seca, castaña y quebradiza. Las pequeñas corrientes de aguas se secaron, dejaron de fluir y solo había charcos turbios aquí y allá.

Vi al pequeño potro (yo estaba asombrado de nunca haberlo visto crecer o madurar) que corría de un lado a otro a través del campo buscando arroyos frescos y hierba verde, pero sin encontrar nada.

Seguía corriendo aparentemente en círculos, siempre buscando como saciar su espíritu hambriento. Pero había hambre en la tierra y los ricos pastos verdes y los arroyos que fluían ayer ya no existían.

Un día el potro se paró en la ladera, con sus piernas débiles y vacilantes, preguntándose a donde más iría a buscar comida y cómo conseguiría fuerza para ir. Parecía que todo lo que hacía no servía de nada, porque la buena comida y las corrientes de aguas eran cosa del pasado, y todos los esfuerzos que realizaba para encontrar comida solo agravaban más su fuerza menguante.

De repente vio el carruaje del Rey bajando por el camino, estirado por seis grandes caballos, y vio a su hermano, gordo, fuerte, con sus músculos ondulantes, elegante, hermoso y muy limpio.

Su corazón estaba asombrado y perplejo, y gritó: "Hermano mío, ¿Dónde encontraste comida para mantenerte robusto y fuerte en estos días de hambruna? En mi libertad, he corrido por todas partes, buscando comida y no he encontrado nada, ¿Dónde en tu terrible confinamiento, encuentras comida en este tiempo de sequía? Dime por favor, ¡debo de saber!"

Y luego la respuesta vino de regreso de una voz llena de victoria y alabanza: "En la casa de mi Maestro, hay un lugar secreto en los límites de Sus establos donde Él me alimenta con su propia mano, donde sus graneros nunca se quedan vacíos y donde su pozo nunca se seca".

Con esto el Señor me hizo entender que en el tiempo de hambruna espiritual aquellas personas débiles y hambrientas espiritualmente, los cuales que han perdido su voluntad y ahora han llegado al lugar secreto del Altísimo, a su confinamiento total en la perfecta voluntad de Dios, tendrán abundancia del maíz del cielo e interminables corrientes frescas de revelación mediante el Espíritu Santo. *Así la visión terminó.*

Este tipo de mensajes son tan verdaderos como deben de ser. Debemos pasar de la adolescencia espiritual a la madurez.

No podemos permitirnos quedarnos retrasados o rezagados espiritualmente simplemente porque somos egoístas.

Dejemos que Señor ponga sobre nosotros su arnés y permitámosle que sea nuestro director, nuestro maestro y nuestra guía.

DESAFÍATE TÚ MISMO Y VE MÁS PROFUNDO CON JESÚS en el CAPÍTULO 6

1. Dios tocó a Elías, después Elías tocó a Eliseo con su manto (símbolo de unción y llamamiento de Dios) Eliseo renunció a todo para seguir a Elías (así como Cristo) y le sirvió fielmente por 8 años hasta que Elías fue tomado al cielo.

    - En tu propia vida ¿has renunciado a todo lo que te impide responder al gran llamado de Dios para a tu vida?

- Recuerda: Una experiencia de Dios - si no te cuesta algo - ¡no te transformará!

2. ¿Le has permitido a Dios amaestrar tu vida? ¿está Él a cargo de tu vida, tus planes y de tus sueños?

3. A menos que el hombre fiel de Dios esté dispuesto a ser guiado por el Señor, el hombre nunca llegará a donde Dios quiere que esté.

- ¿Estás confiando en Dios con sabiduría?
- ¿Estás confiando en Dios con toda tu fuerza?
- ¿Estás confiando en Dios con tu capacidad?
- ¿Estás confiando en Dios junto con tus finanzas?

7

VIVIENDO EN OTRO MUNDO

"Y yo también te digo, que tú eres Pedro, y sobre esta roca edificaré mi iglesia; y las puertas del Hades no prevalecerán contra ella. Y a ti te daré las llaves del reino de los cielos; y todo lo que atares en la tierra será atado en los cielos; y todo lo que desatares en la tierra será desatado en los cielos." (Mateo 16:18,19)

Dios ha prometido llaves a aquellos que han llegado al conocimiento de Él.

Es evidente, que el plan de Dios es equipar a Su pueblo a que aprendan usar las llaves que traerán adelantos en el reino venidero.

Creo que el deseo del corazón de Dios es realizar poderosas manifestaciones aquí en la tierra.

Por favor comprende que las manifestaciones de las que hablo no están en el reino de lo sobrenatural, aunque pueden estarlo.

Las manifestaciones de las que hablo tienen que ver con la obediencia del siervo de Dios al plan celestial y a la manifestación de la voluntad de Dios aquí en la tierra.

Es una manifestación nacida de la obediencia pura a la orden superior de Dios.

ENTRADA AL REINO DE DIOS

Lo primero en donde "los pocos" han entrado es en la presencia de Dios. Sin la entrada a la presencia de Dios el siervo no será capaz de obtener nada del Señor. "Los pocos" saben muy bien la gran importancia que se les ha otorgado por la sangre de Jesús.

"Así que, hermanos, teniendo libertad para entrar en el Lugar Santísimo por la sangre de Jesucristo, por el camino nuevo y vivo que él nos abrió a través del velo, esto es, de su carne, y teniendo un gran sacerdote sobre la casa de Dios, acerquémonos con corazón sincero, en plena certidumbre de fe, purificados los corazones de mala conciencia, y lavados los cuerpos con agua pura." (Hebreos 10:19-22)

Para ser capaz de conectarse con Dios, uno debe de ser capaz de entregarse a Él. Al entrar en el "lugar Santísimo mediante la sangre de Cristo" serás conquistado por un amor tan grande y por su aprobación.

"Los pocos" conocen el poder que hay al entrar con Él. Ellos entienden el poder que hay al entrar en intimidad con Dios.

Estar en intimidad con Él es la puerta al corazón y a la mente de Dios. El entrar a este lugar solo es posible para aquellos que han sido lavados con la sangre del Cordero.

Recuerda: Una vez que accedes no tienes que irte nunca, ¡puedes permanecer en Su presencia por siempre! Puedes refugiarte en su presencia todo lo que gustes. Puedes escuchar la angustia de Dios cada vez que desea hacer algo. "Los pocos" han descubierto este secreto.

REVELANDO LOS SECRETOS

La mayoría de los creyentes que se han congregado en la casa de Dios, conocen Su palabra - pero solo "los pocos" conocen los secretos del corazón de Dios. **"El secreto de Jehová es para los que le temen, Y a ellos hará conocer su pacto."** (Salmos 25:14)

"Los pocos" son la clase de sirvientes quienes caminan en el temor del Señor y consagran su vida para ser aprobados por Él. En su relación con Dios ellos se esfuerzan para agradarle a Él en todas las áreas de sus vidas, en cambio el Señor revela su pacto con ellos.

"Clama a mí, y yo te responderé, y te enseñaré cosas grandes y ocultas que tú no conoces." (Jeremías 33:3)

Una de las cosas que estos siervos de Dios buscan son los

misterios los cuales Dios ha escondido y preparado para ellos- reservados solo para aquellos quienes se atreven a "clamarle" a Él.

Cuando el siervo de Dios se propone en su corazón a amar a Dios y guardar sus palabras, la visitación del Padre no tardará. Dios ama morar en medio del amor y en la obediencia en sus siervos, sí, en "los pocos".

"Respondió Jesús y le dijo: El que me ama (verdaderamente), mi palabra guardará (obedecerá mi enseñanza); y mi Padre le amará, y vendremos a él, y haremos morada con él (una morada especial)." (Juan 14:23 - Versión Reina Valera 1977)

TRAYENDO UNA INVASIÓN ESPIRITUAL

¿Y qué acerca de los secretos? ¿Qué sucede con las revelaciones y visitaciones que vienen del Señor? ¿Nos ayudan en algo? ¿Son dadas a nosotros solo para presumir? ¡De ninguna manera!

Dios decide revelar Su corazón con aquellos que lo buscan a Él porque Él quiere compartir sus secretos con ellos. No conozco todos los secretos que Dios tiene reservados para nosotros, pero lo que sí sé, es que cada secreto que es revelado es con el propósito de manifestarlo aquí en la tierra.

La información estratégica es proporcionada continuamente al siervo que se preocupa por escuchar. La información que viene del cielo generalmente se relaciona con estrategias de cómo impactar la tierra para Jesús.

Estas estrategias explican los métodos sobre cómo superar las tinieblas y cómo asumir su domino o ejercer autoridad sobre ellas.

Dios está llamando a "los pocos" a una vida de guerra; Él les está llamando a traer una invasión espiritual aquí en la tierra- a poseer la tierra.

El Señor está llamando y "los pocos" se están acercando a la línea de batalla.

DESAFÍATE TÚ MISMO Y VE MÁS PROFUNDO CON JESÚS en la CAPÍTULO 7

1. Cuando Dios te llama a ir más alto invitándote a un ayuno por una temporada o a ir más profundo en la intimidad y en la oración con Él, su intención es mostrar alguna revelación sobre la vida de su siervo. Una vez que el Señor revela a su siervo las cosas concernientes a su propia vida, el Señor procede a mostrar su plan para él.

2. ¿Has sentido que Dios te guía al ayuno y la oración?

3. ¿Sientes que el Señor te impulsa a estudiar Su Palabra más profundamente?

4. ¿Estas siendo desafiado a dejar una vida de comodidad o normalidad?
    - ¿Por qué es esto?

    - Dios quiere mostrarte Su Mundo. Es otra dimensión.

    - Dios quiere derramar sobre ti una fresca unción de sabiduría, poder y favor sobre tu vida.

    - Hay un ministerio que debe nacer en estos tiempos y ¿qué crees? ¡Dios necesita tu vientre espiritual! (usar tu vida para dar a luz su deseo) Si tú deseas que Dios use tu vida, tu vientre espiritual, por favor ora de esta forma:

"Oh, Dios aquí estoy. ¡Envíame a mí! ¡úsame! Cualquier cosa que necesites de mí, tómala, ¡es tuya! Cualquier cosa que haga ensanchar tu reino en esta tierra- ¡yo quiero hacerla!" Amén.

8

EJECUTANDO LAS INSTRUCCIONES DEL CIELO EN LA TIERRA

"Y Jehová me respondió, y dijo: Escribe la visión, y declárala en tablas, para que corra el que leyere en ella. Aunque la visión tardará aún por un tiempo, mas se apresura hacia el fin, y no mentirá; aunque tardare, espéralo, porque sin duda vendrá, no tardará". (Habacuc 2:2,3)

CAMINANDO EN EL ESPÍRITU

Una característica muy interesante de "los pocos" es que son aquellos creyentes quienes se disponen ellos mismos a ser usados por el Señor. Tienen un solo deseo: manifestar los principios del reino en la tierra.

Este deseo debería ser hallado en cada creyente recién nacido, pero la realidad es que no es así. Estoy convencido de que existen razones por las cuales algunos creyentes no sienten la carga del Señor por Su reino como otros la tienen; pero el punto importante es que todo creyente que ha nacido de nuevo debe unirse al corazón de Dios e impactar el mundo con las buenas nuevas del reino del Señor.

Caminar en el Espíritu significa que ahora estás viviendo

con el modelo del cielo a tu disposición y ahora harás que Su objetivo sea manifestado.

"Los pocos", son los siervos que tienen un solo objetivo: Complacer a Dios siguiendo sus instrucciones.

Caminar en el Espíritu es caminar en los propósitos de Dios, en sus deseos, en sus planes, bajo su liderazgo, su revelación y su visión.

Ser capaces de ser dirigidos por los propósitos de Dios para la tierra, el siervo del Señor debe ser rápido para escuchar, ver y moverse al ritmo del corazón de Dios.

EJERCITANDO LA MENTE DE CRISTO

Una vez que conocemos el ritmo del cielo y lo que Dios está dirigiendo debemos actuar sobre lo que Dios está diciendo a nuestras vidas.

Como ves, Dios está buscando a alguien que pueda colaborar con Él, alguien que pueda sentir lo que Él siente y que esté dispuesto a pagar el precio por ver la voluntad de Dios manifestada en la tierra.

Ejercer la mente de Cristo es poner en práctica lo que Dios tan maravillosamente ha colocado en tu vientre espiritual.

Si tú obedeces la voluntad de Dios, se manifestará, si no la obedecemos entonces perdemos la gran oportunidad de representarlo a Él. ¡Creer NO es suficiente!

Sé que muchas veces usted se encontrará con el hermano o la hermana que ha tenido visiones de parte de Dios y quien ve a Dios moviéndose y escondiéndose detrás de cada arbusto. Todo para ellos parece ser Dios hablando.

A todos aquellos que tienen dones de revelación y verdaderamente reciben revelaciones de Dios, les quiero decir que: ¡Creer no es suficiente!, debe de haber una transferencia del Señor a nuestras mentes y debe seguir una acción en consecuencia a ello.

Si no se realiza ninguna acción, la semilla puede perderse o el enemigo puede venir y robársela. ¡Debemos de ser rápidos para actuar en la revelación del Señor! Presta atención a esta parábola:

> **"Oíd: He aquí, el sembrador salió a sembrar; y al sembrar, aconteció que una parte cayó junto al camino, y vinieron las aves del cielo y la comieron. Y les dijo: ¿No sabéis esta parábola? ¿Cómo, pues, entenderéis todas las parábolas? El sembrador es el que siembra la palabra. Y éstos son los de junto al camino: en quienes se siembra la palabra, pero después que la oyen, en seguida viene Satanás, y quita la palabra**

que se sembró en sus corazones."
(Marcos 4:3-4; 13-15)

DISCERNIENDO SU PLAN

La realidad de este problema es que la mayoría de los creyentes son atroces cuando se trata de discernir el plan y el propósito del Señor, pero no pueden discernir al Espíritu Santo revelándoles los deseos del Padre.

Los miembros de "los pocos" son personas que se dedican a conocer los tiempos y estaciones del Señor. No viven en "la tierra de los deseos", ellos son personas que han discernido el corazón y la intención del Señor y ahora están trabajando con temor y temblor para cumplirla.

"Los pocos" siguen siendo la elección de Dios para el fin de los tiempos. Son la clase de siervos piadosos que el Señor recompensará hermosamente.

DESAFÍATE TÚ MISMO Y VE MÁS PROFUNDO CON JESÚS en el CAPÍTULO 8

1. El caminar en el Espíritu básicamente significa someter tu carne bajo el gobierno de Dios.
   - Hay muchas cosas que impiden que Dios fluya en nuestras vidas. Enseguida se mues

tran unas sugerencias de cómo superarlas.

(1) Escribe tus obstáculos (tus pecados, obstáculos, luchas personales, etc.)
(2) Confiésalos ante el Señor uno por uno (en tu altar personal)
(3) Renueva tu compromiso con Jesús y Su Señoría.
(4) Camina en el Espíritu (o en los deseos del Padre celestial.)

2. Creer en Dios cuando Él habla es solo el comienzo. Cuando empezamos a caminar en lo que Dios nos ha mostrado, entonces la gloria de Dios comenzará a fluir.

- ¿Te es difícil fluir en la dirección de Dios?

- ¿El temor te mantiene cautivo?

- ¿La duda te esclaviza a una vida de mediocridad?

- La incredulidad te ha dejado deseando más. Todos están afuera del barco, caminando sobre el agua, pero tú toavía estás dentro de él.

- Esta es mi filosofía para vencer el temor, la duda y la incredulidad: ¡Solo hazlo!

9

¡FIDELIDAD!

"Ahora bien, se (de manera muy especial) requiere de los administradores, que cada uno sea hallado fiel (que demuestra ser digno de confianza)." (1 Corintios 4:2)

Una de las características que he descubierto de ser puente para aquellos que quieren alcanzar a Dios, es lo que me gustaría llamar: Fidelidad. Aquellos quienes conforman a "los pocos" entienden este concepto muy bien, de hecho, corre por su ADN.

Al parecer, ha habido muchos mal entendidos por parte de los creyentes del cuerpo de Cristo sobre el asunto de la promoción.

Algunos creyentes sienten que solo porque están en la iglesia, ayudan o dan ofrendas eso les dará algunos "puntitos extras" con Dios y Su liderazgo.

Aquellos quienes se han alineado con el Señor y Su llamado entienden perfectamente que Dios está buscando muchos siervos fieles quienes le escuchen y le obedezcan a Él.

¿Por qué la fidelidad es un lujo en estos tiempos? ¿Por qué

Dios escoge a los fieles en lugar de los dotados? Interesante punto, observemos.

¿QUÉ SIGNIFICA SER FIEL?

En la porción de la escritura que use arriba, está claro lo que el Apóstol Pablo está tratando de transmitir a cada seguidor de Jesús.

Si alguna vez has deseado que el Señor confié en ti, entonces abre tus ojos espirituales a las muchas oportunidades que Dios ha dispuesto para ti. Cada oportunidad para servir en el Reino es una preparación para una promoción.

En caso de que el siervo de Dios falle en la obediencia al mandato del Señor, con sus esfuerzos futuros se determinará cuánto se puede confiar en él.

La palabra "fiel" significa ser digno de confianza, confiable.

¿Cuántas personas conoces que han sido irresponsables con la tarea que se les ha encomendado? ¿Has estado en un lugar donde la persona que tiene la llave de la puerta no está presente? Todos tienen que esperar hasta que la persona que tiene la llave se presente al trabajo.

En las cosas de Dios, uno debe ser fiel en todas las cosas.

Debes ser un hombre bajo la autoridad de Dios, alguien quien es gobernado por el Espíritu de Dios y que cederá a los más pequeños deseos de Dios.

Si alguna vez has pensado que Dios usará a un hombre infiel, estás terriblemente equivocado mi amigo. En el momento que un hombre "deja caer la pelota" su fidelidad se pone a prueba.

Dios usa lo que a menudo parece pequeño e insignificante como pruebas para descubrir qué tan profunda es la fidelidad. Puede ser algo tan pequeño como poner sillas antes del servicio, recoger algo de basura o incluso asegurarse de que el baño esté limpio.

Si no tienes tiempo para tales asuntos, entonces Dios tampoco tendrá tiempo para ti en los asuntos del reino. Al grado que tú demuestres fidelidad hacia Él, te usará y confiará en ti. Ser fiel en público es bueno pero la fidelidad en lo privado es mucho mejor.

Podemos hacer cosas para que la gente note nuestro trabajo y si podemos impresionar a algunos con nuestras largas oraciones y nuestras ofrendas de amor, pero ¿quién estará en medio de la batalla cuando todos los demás se hayan rendido y se hayan ido a casa?

El FIEL SOLDADO DE DAVID

En la historia de David y su caída cuando peca con Betsabé, encontramos cómo el esposo de Betsabé, Urías fue llevado a pelear en la batalla en contra de los enemigos de Israel.

Aunque David le pidió que estuviera con su esposa él dijo no a la intimidad con su esposa para poder tener intimidad con Dios (o sea servir al rey David y jurar lealtad al ejército de Israel es como tener intimidad con Dios).

"Después dijo David a Urías: Desciende a tu casa, y lava tus pies. Y saliendo Urías de la casa del rey, le fue enviado presente de la mesa real. Mas Urías durmió a la puerta de la casa del rey con todos los siervos de su señor, y no descendió a su casa. E hicieron saber esto a David, diciendo: Urías no ha descendido a su casa. Y dijo David a Urías: ¿No has venido de camino? ¿Por qué, pues, no descendiste a tu casa? Y Urías respondió a David: El arca e Israel y Judá están bajo tiendas, y mi señor Joab, y los siervos de mi señor, en el campo; ¿y había yo de entrar en mi casa para comer y beber, y a dormir con mi mujer? Por vida tuya, y por vida de tu alma, que yo no haré tal cosa." (2 Samuel 11:8-11)

PARÁBOLA DE LOS TALENTOS

"Porque el reino de los cielos es como un hombre que, yéndose lejos, llamó a sus siervos y les entregó sus bienes. A uno dio cinco talentos, y a otro dos, y a otro uno, a cada uno conforme a su capacidad; y luego se fue lejos. Y el que había recibido cinco talentos fue y negoció con ellos, y ganó otros cinco talentos. Asimismo, el que había recibido dos, ganó también otros dos. Pero el que había recibido uno fue y cavó en la tierra, y escondió el dinero de su señor. Después de mucho tiempo vino el señor de aquellos siervos, y arregló cuentas con ellos. Y llegando el que había recibido cinco talentos, trajo otros cinco talentos, diciendo: Señor, cinco talentos me entregaste; aquí tienes, he ganado otros cinco talentos sobre ellos. Y su señor le dijo: Bien, buen siervo y fiel; sobre poco has sido fiel, sobre mucho te pondré; entra en el gozo de tu señor. Llegando también el que había recibido dos talentos, dijo: Señor, dos talentos me entregaste; aquí tienes, he ganado otros dos talentos sobre ellos. Su señor le dijo: Bien, buen siervo y fiel; sobre poco has sido fiel, sobre mucho te pondré; entra en el gozo de tu señor. Pero llegando también el que había recibido un talento, dijo: Señor, te conocía que eres hombre duro, que siegas donde no sembraste y recoges donde no esparciste; por lo cual tuve miedo, y fui y escondí tu talento en la tierra; aquí tienes lo que es tuyo. Respondiendo su señor, le dijo: Siervo malo y negligente, sabías que siego donde no sembré, y que recojo donde no esparcí. Por tanto, debías haber dado mi dinero a los banqueros, y al venir yo, hubiera recibido lo que es mío con los intereses. Quitadle, pues, el talento, y dadlo al que tiene diez talentos. Porque al que tiene, le será dado, y tendrá más;

y al que no tiene, aun lo que tiene le será quitado. Y al siervo inútil echadle en las tinieblas de afuera; allí será el lloro y el crujir de dientes." (Mateo 25:14-30)

Algunos de los puntos interesantes que he descubierto al estudiar esta palabra son acerca de cómo Dios va eligiendo cuánto dar a cada quien.

Como has observado a lo largo de la vida, algunas personas parecen estar confiadas en sí mismas, lo cual nos hace preguntarnos por qué ellos están así y nosotros no.

El Señor siempre nos llamará a Él y nos confiará algo valioso, algo tan precioso de su corazón que será depositado en nuestros corazones, entonces cuando esto ocurra, Él nos permitirá trabajar para Él.

¿Podemos ser hallados responsables y permanecer fieles al propósito original que Dios diseñó para nosotros?

A medida que seamos fieles a Él, Él nos dará su aprobación en las cosas venideras.

Muchas veces nos tomamos un "largo descanso" para justificarnos y después de ello "dejamos caer la pelota."

Podemos inventar excusas y tratar de justificar nuestra conciencia, pero ¡Dios conoce nuestros corazones! Todo saldrá a la luz."

Es sabio para nosotros conocer este aspecto celestial: Si somos hallados fieles con los dos talentos, Dios nos dará el doble de ello. Si somos hallados infieles en lo poco, entonces sabremos que cualquier cosa que nos haya sido dada, será quitada y dada a alguien que sea fiel.

¿CUÁNDO SERÉ PROMOVIDO? ¿CUÁNDO ME ASCENDERÁN?

"Porque ni de oriente ni de occidente, Ni del desierto viene el enaltecimiento. Mas Dios es el juez; A éste humilla, y a aquél enaltece." (Salmos 75:6,7)

Toda forma de promoción proviene del Señor a través de hombres, líderes, pastores, jefes, padres, madres, esposos, etc.

Nuestra vida sería menos complicada si llegáramos a entender que todos ellos son paraguas sobre nuestras vidas y en gran manera son los medios que Dios usa para evaluar y considerar si estás preparado para una promoción o no.

La gente quiere ser reconocida y alagada por su gran trabajo, pero su actitud es incorrecta, sus corazones son crueles envenenados con celos y envidia. ¡Dios ve todo eso!

La promoción siempre comienza con la sumisión. La actitud es todo en la vida. Si tú piensas que mereces una promoción, entonces no la conseguirás. Si tú te humillas delante de Dios, y fluyes en sumisión bajo el liderazgo presente, entonces llamarás la atención de Dios y de tu líder.

Cuando el liderazgo ve un corazón genuino lleno de bondad, entonces la promoción es eminente.

Debemos de ser responsables de nuestros corazones. Tan rápido como sirvas a tus líderes inmediatos y les demuestres fidelidad, Dios tomará nota especial de ello.

Sin embargo, así como tratas a tus líderes ahora, así te tratarán tus discípulos después. Es decir, estamos sembrando para la siguiente temporada.

LEALTAD: LLEVANDO LA FIDELIDAD AL SIGUIENTE NIVEL

Si tú verdaderamente quieres causar un impacto a donde quiera que vayas y con cualquier persona que conozcas, entonces lleva tu fidelidad al siguiente nivel, SÉ LEAL.

Lealtad en mi opinión, es la autopista donde todos los siervos de Dios transitan. Puedes observar muchas personas que pueden presentarse en la iglesia a las 10:00am y hacer notoria su fidelidad, pero pocos llegarán a las 9:45am y harán notoria su lealtad.

La lealtad es cuestión de entrega. No tiene nada que ver con un reloj, es más bien, cuestión de actitud.

¿QUÉ ES LEALTAD?

"El que sigue la justicia y la misericordia hallará la vida, la justicia y la honra." (Proverbios 21:21)

El diccionario Merriam-Websters describe la palabra como: Leal- adjetivo.
1. Que es Inquebrantable a su lealtad
   a. Fiel en lealtad a su legítimo gobierno.
   b. Fiel a una persona íntima (cercana) quien es digno (a) de fidelidad.
   c. Fiel a una causa, ideal, costumbre, institución o producto.

Queridos amigos, ser leal es el mayor honor que puedes darle a alguien. La lealtad no es fácil de obtener. Debe haber una constante fidelidad antes que puedas darte cuenta qué tan profunda es la lealtad de alguien.

Así que cuando el barco se hunde y todo el mundo está saltando para salvar sus vidas, "los leales" se quedan junto a ti y te ayudan a liberar el agua. Su lema es: "¡si vivimos, vivimos juntos y si morimos, morimos juntos!"

DESAFÍATE TÚ MISMO Y VE MÁS PROFUNDO CON JESÚS en el CAPÍTULO 9

1. La palabra fidelidad en su forma más simple significa confiable o digno de confianza.

2. Se requiere que los mayordomos sean hallados fieles.
   - ¿Qué significa esto para ti? (escríbelo abajo con tus propias palabras y medita en ello).

3. Evalúa tu estándar de fidelidad:
   - ¿Cumples tus promesas?
   - ¿Te muestras a los demás como dices que eres?

4. ¿Has sido fiel con los dones y talentos que Dios te ha dado?

5. ¿Alguna vez has sido promovido debido a tu nivel de fidelidad?

6. ¿Conoces las diferencias entre ser fiel y ser leal?
   - Si el servicio comienza a las 10:00 am, las personas FIELES llegaran a las 10:00 am.

- Si el servicio comienza a las 10:00 am, las personas LEALES llegaran a las 9:30 am.

10

UNA HISTORIA CON DIOS

"María, cuando llegó a donde estaba Jesús, al verle, se postró a sus pies, diciéndole: Señor, si hubieses estado aquí, no habría muerto mi hermano. Jesús entonces, al verla llorando, y a los judíos que la acompañaban, también llorando, se estremeció en espíritu y se conmovió, y dijo: ¿Dónde le pusisteis? Le dijeron: Señor, ven y ve. Jesús lloró. Dijeron entonces los judíos: Mirad cómo le amaba. Y algunos de ellos dijeron: ¿No podía éste, que abrió los ojos al ciego, haber hecho también que Lázaro no muriera? Jesús, profundamente conmovido otra vez, vino al sepulcro. Era una cueva, y tenía una piedra puesta encima. Dijo Jesús: Quitad la piedra. Marta, la hermana del que había muerto, le dijo: Señor, hiede ya, porque es de cuatro días. Jesús le dijo: ¿No te he dicho que si crees, verás la gloria de Dios?" (Juan 11:32-40)

A menudo me pregunto por qué Jesús se conmovió con las palabras de María y aparentemente no se conmovió con las de Marta. Las dos dijeron las mismas palabras y ambas expresaron su sincero dolor por la pérdida de su hermano, pero solo las palabras de María hicieron que "Jesús gimiera en su espíritu y que se sintiera conmovido."

Por favor no mal entiendas lo que estoy diciendo- Marta

también estaba tratando de ser espiritual acerca de lo que estaba pasando. Al parecer ella había estado en algún lugar donde Jesús había hablado del día de la resurrección.

"Jesús le dijo: Tu hermano resucitará. Marta le dijo: Yo sé que resucitará en la resurrección, en el día postrero. Le dijo Jesús: Yo soy la resurrección y la vida; el que cree en mí, aunque esté muerto, vivirá. Y todo aquel que vive y cree en mí, no morirá eternamente. ¿Crees esto?" (Juan 11:23-26)

En esencia, Jesús quería hacerle saber a Marta; ¡no hay necesidad de esperar hasta el día de la resurrección, Yo soy la resurrección y la vida!" Jesús continúa resonando esta verdad a una mujer que aparentemente había desarrollado poco o nada de lo cultivado en una historia con Jesús en el lugar secreto de la oración.

Jesús termina diciéndole a Marta: "¿Crees esto?" puedo pensar en las muchas ocasiones que he pedido la revelación de Dios con respecto a la fe y la confianza total en Jesús.

¿Has estado ahí? ¿Has pasado por eso? Creo que esta palabra es profética y estoy seguro de que lo que vendrá a tu vida en los próximos meses será poderosamente afectado por lo que revela este mensaje.

Primero que todo, quisiera prestar suma atención al gemido de Jesús. La escritura dice que cuando María cayó a sus pies, quebrantada y llorando por la muerte de su hermano Lázaro, "El gimió en su espíritu y se conmovió".

Primero definamos esta palabra, gemir o gimiendo. La palabra gemir en griego es brimaomai (resoplar con enojo (bufar, chillar) tener indignación sobre algo.

Jesús evidentemente estaba conmovido por el llanto de María que lo tomó personal. Jesús no iba a permitir que ningún diablo "golpeara" a sus hijos, especialmente aquellos que están cerca de Su corazón, como María lo estaba. Aleluya.

Por otro lado, Marta parecía estar más preocupada por posiciones espirituales (de ahí su pobre penosa comprensión del día de la resurrección).

Una vez más, permíteme dejar en claro este asunto: la "doctrina" sin lágrimas no significa nada y no hace nada. Marta no era perezosa, no me mal entiendas, ella era una sierva del Señor, pero sin un quebrantamiento consumidor.

Hoy en día, hay muchos creyentes que son como esta mujer Marta. Ella representa el creyente quien es fiel en la iglesia, que da sus diezmos y enormes cantidades de ofrendas cuando necesita crecer. Incluso mantienen su doctrina al "t" pero no conocen el profundo corazón de Jesús. ¡Nunca han llorado por la pobreza espiritual el pecado y el cristianismo "sin vida"!

Estos creyentes son dominados por un espíritu de tibieza espiritual, un espíritu "Laodicense" que caracterizará a muchos creyentes al final de los tiempos. Solo observa estas palabras.

"Yo conozco tus obras, que ni eres frío ni caliente. ¡Ojalá fueses frío o caliente! Pero por cuanto eres tibio, y no frío ni caliente, te vomitaré de mi boca. Porque tú dices: Yo soy rico, y me he enriquecido, y de ninguna cosa tengo necesidad; y no sabes que tú eres un desventurado, miserable, pobre, ciego y desnudo." (Apocalipsis 3:15-17)

Yo creo que Dios ama a todas las personas por igual, pero también creo que Dios tiene "aquellos" que se entregan por completo para buscar Su rostro.

Tiempos atrás había un mundo diferente [en los cristianos que lloran] desde entonces ha habido una gran diferencia hoy ¡y la habrá antes de que Jesús regrese a tomar a Su novia con Él!

¿Qué es lo que hace la diferencia entre los creyentes de hoy? ¿Por qué Dios derrama de su unción sobre algunos y la retiene para otros? Esto es algo que deberíamos considerar seriamente si vamos ser parte del remanente de Dios en los últimos días.

Antes que comparta contigo lo que Dios me ha estado mostrando respecto a este increíble caminar con el Señor, observemos atentamente lo que le dio a María el favor de Dios, lo cual ha sido descrito claramente en Juan 11.

LA HISTORIA DE MARÍA CON DIOS

"Esta tenía una hermana que se llamaba María, la cual, sentándose a los pies de Jesús, oía su palabra. Pero Marta se preocupaba con muchos quehaceres, y acercándose, dijo: Señor, ¿no te da cuidado que mi hermana me deje servir sola? Dile, pues, que me ayude. Respondiendo Jesús, le dijo: Marta, Marta, afanada y turbada estás con muchas cosas. Pero sólo una cosa es necesaria; y María ha escogido la buena parte, la cual no le será quitada." (Lucas 10:39-42)

"María, cuyo hermano Lázaro estaba enfermo, fue la que ungió al Señor con perfume, y le enjugó los pies con sus cabellos." (Juan 11:2)

"Entonces María tomó una libra de perfume de nardo puro, de mucho precio, y ungió los pies de Jesús, y los enjugó con sus cabellos; y la casa se llenó del olor del

perfume." (Juan 12:3)

Estoy totalmente convencido de que María estaba entregada completamente a Jesús en su devoción y servicio. Ella había hecho cosas que nadie que camina en (bajo el dominio de) la carne haría. Adoraba con tal pasión y entrega de sí misma, que todo lo que poseía se lo entregaba al Maestro. Ella vivía una vida sin excusas, sin reservas y sin marchas atrás. ¿Así vives tú?

La razón por la cual Jesús estaba tan conmovido por este santo piadoso no debe ser un secreto para nosotros. Ella tenía una sola vida para vivir y ella la vivía para la gloria de Dios.

Sus expresiones exteriores de adoración y servicio habían nacido en los profundos corredores de su corazón al encontrarse con Dios en una dulce comunión día tras día. Ella no iba a permitir de ninguna manera que se le impidiera vivir su vida plenamente para Jesús.

Ella no iba a dejar que ninguno ocupara el lugar de lo que sentía en su corazón ardiente. No iba a dejar que Marta la detuviera y mucho menos que le impidiera estar a los pies de Jesús; no iba a dejarse intimidar ni desviarse por el malvado Judas Iscariote (Véase Juan 12:1-6)

Oh Dios, esta mujer era celestial. Ella había conocido a

Dios en lo secreto y ahora no solo está preparada para expresarlo a todo el mundo, sino que iba a gastar el objeto más costoso que poseía para entregárselo a Él: **"Entonces María tomó una libra de perfume de nardo puro, de mucho precio, y ungió los pies de Jesús."** (Juan 12:3)

Oh, Iglesia por favor escucha el ejemplo bíblico de devoción cristiana a Dios. Lo conoces en secreto primero y después lo representas o lo expresas –públicamente. Amén.

Entonces, ¿Cómo creamos esta historia con Dios? ¿Cómo aprovechamos este secreto de María?

REQUISITOS PARA TENER EL FAVOR DE DIOS

Debes ser pobre en el espíritu.

"Bienaventurados los pobres en espíritu, porque de ellos es el reino de los cielos." (Mateo 5:3) La escritura nos enseña claramente que aquellos que poseen las riquezas del reino de los cielos, practican la pobreza en el espíritu.

¿Qué significa ser pobre en el espíritu? Pobreza en el espíritu no tiene nada que ver con tu cuenta bancaria o alguna cosa material...tiene que ver con tu actitud de necesidad, sí, la necesidad de Dios. Al menos que haya una actitud contrita y humillada de corazón, nunca habrá ningún favor del Señor hacia ti. Escucha al profeta Isaías: **"Pero mi-**

raré a aquel que es pobre y humilde de espíritu, y que tiembla a mi palabra." (Isaías 66:2)

Este mensaje pone un alto en toda la perversa predicación y la enseñanza del humanismo evangélico.

Debes de tener un espíritu listo para obedecer. ¡Un verdadero siervo de Jesús debe ser rápido para escuchar y para obedecerlo a Él!

Cosas suceden cuando el siervo del Señor obedece a la palabra de Dios escrita. Milagros acontecen cuando el siervo del Señor obedece además a la palabra profética del Dios. Escucha esto: **"Yendo Jesús a Jerusalén, pasaba entre Samaria y Galilea. Y al entrar en una aldea, le salieron al encuentro diez hombres leprosos, los cuales se pararon de lejos y alzaron la voz, diciendo: ¡Jesús, Maestro, ten misericordia de nosotros! Cuando Él los vio, les dijo: Id, mostraos a los sacerdotes. Y aconteció que mientras iban, fueron limpiados."** (Lucas 17:11-14)

Siempre recuerda, la única razón por la que Dios te habla es para traer un resultado que le dará toda la gloria a Él. Debes tener un corazón lleno de acción de gracias hacia el Señor.

Una de las cosas que muchos siervos del Señor han perdido es darle las gracias a Dios por su llamado.

Yo como siervo del Señor puedo honestamente decir que yo no merecía este impresionante llamado. Mi terrible vida egoísta me descalificó totalmente de servir a mi Rey, pero Jesús vio algo diferente, Él creyó en mí.

Pablo lo escribió de esta manera: **"Doy gracias al que me fortaleció, a Cristo Jesús nuestro Señor, porque me tuvo por fiel, poniéndome en el ministerio, habiendo yo sido antes blasfemo, perseguidor e injuriador; mas fui recibido a misericordia porque lo hice por ignorancia, en incredulidad. Pero la gracia de nuestro Señor fue más abundante con la fe y el amor que es en Cristo Jesús."** (1 Timoteo 1:12-14)

Queridos Santos de Dios, cultivemos una historia con Dios- y un día cosecharemos el fruto de ella. ¡Amén!

DESAFÍATE TÚ MISMO Y VE MÁS PROFUNDO CON JESÚS en el CAPÍTULO 10

1. ¿Te conoce Dios como un íntimo amigo o solo es un conocido tuyo?
2. ¿Puedes sentir en tu propio espíritu cuando Dios está lejos de ti?
3. ¿Puedes sentir la diferencia cuando Su unción está sobre ti y cuando no?
4. ¿Sientes que obtienes la atención de Dios cuando le invocas?

Secretos de cómo llegar a ser un íntimo con Dios.

* Levántate temprano (preferentemente antes del amanecer) y busca el rostro de Dios.

* Adóralo, dale gracias, confiesa tus pecados, intercede y preséntale tus peticiones.

* Abre tu corazón y exprésate con Dios sinceramente.

* Lee la palabra de Dios (te recomiendo el plan de la lectura de la Biblia de un año)

* Mientras lees, medita en lo que estás leyendo (en otras palabras, mastícalo, mastícalo y mastícalo hasta que tenga sentido para tu espíritu.)

* Anota (en un diario personal) lo que Dios te está diciendo durante tu meditación en la palabra de Dios. [Asegúrate de escribir la fecha de cuando Dios te lo dio.]

* Confía a Dios tu vida por ese día.

[Complementos a tus prácticas espirituales]

* Toma una cena personal con el Señor después de la oración.

* Ayuno en el día.

LOS POCOS
Parte II

"Sube acá, y yo te mostraré las cosas
que sucederán después de estas."
(Apocalipsis 4:1)

11

¡SÉ SOBRIO!

"Pero acerca de los tiempos y de las ocasiones, no tenéis necesidad, hermanos, de que yo os escriba. Porque vosotros sabéis perfectamente que el día del Señor vendrá así como ladrón en la noche; que cuando digan: Paz y seguridad, entonces vendrá sobre ellos destrucción repentina, como los dolores a la mujer encinta, y no escaparán. Mas vosotros, hermanos, no estáis en tinieblas, para que aquel día os sorprenda como ladrón. Porque todos vosotros sois hijos de luz e hijos del día; no somos de la noche ni de las tinieblas. Por tanto, no durmamos como los demás, sino velemos y seamos sobrios. Pues los que duermen, de noche duermen, y los que se embriagan, de noche se embriagan. Pero nosotros, que somos del día, seamos sobrios, habiéndonos vestido con la coraza de fe y de amor, y con la esperanza de salvación como yelmo. Porque no nos ha puesto Dios para ira, sino para alcanzar salvación por medio de nuestro Señor Jesucristo, quien murió por nosotros para que ya sea que velemos, o que durmamos, vivamos juntamente con él. Por lo cual, animaos unos a otros, y edificaos unos a otros, así como lo hacéis." (1 Tesalonicenses 5:1-11)

"Por tanto, ceñid los lomos de vuestro entendimiento, sed sobrios, y esperad por completo en la gracia que se os traerá cuando Jesucristo sea manifestado;

como hijos obedientes, no os conforméis a los deseos que antes teníais estando en vuestra ignorancia; sino, como aquel que os llamó es santo, sed también vosotros santos en toda vuestra manera de vivir; porque escrito está: Sed santos, porque yo soy santo." (1 Pedro 1:13-16) "Sed sobrios, y velad; porque vuestro adversario el diablo, como león rugiente, anda alrededor buscando a quien devorar; al cual resistid firmes en la fe, sabiendo que los mismos padecimientos se van cumpliendo en vuestros hermanos en todo el mundo. Mas el Dios de toda gracia, que nos llamó a su gloria eterna en Jesucristo, después que hayáis padecido un poco de tiempo, él mismo os perfeccione, afirme, fortalezca y establezca. A él sea la gloria y el imperio por los siglos de los siglos. Amén." (1 Pedro 5:8-11)

Otro principio que he visto en este grupo selecto al cual llamo "los pocos" es la importancia de permanecer siempre sobrio.

La palabra sobrio, como se usó en el pasaje bíblico anterior, significa: nepho- abstenerse de vino (mantenerse sobrio), (figuradamente) ser discreto: estar sobrio, mirar. La imagen que obtenemos de esta palabra va mucho más allá que estar sobrio con respecto a la embriaguez.

Es una sobriedad sometida a la vigilancia. Ser sobrio significa mirar, estar alerta, estar despierto. Significa no estar ebrio con respecto al vino, pero también significa no estar ebrio con el mundo o con los placeres del mundo. El vino que el mundo ofrece es peligrosamente tóxico, hace que las personas se pierdan en su camino. Incluso puede provocar que los elegidos de Dios caigan en tal embriaguez y abandonen la voluntad del Señor. Pablo nos amonesta cuando dice:

"Por tanto, no seáis insensatos, sino entendidos de cuál sea la voluntad del Señor. No os embriaguéis con vino, en lo cual hay disolución; antes bien sed llenos del Espíritu..." (Efesios 5:17-18)

Cuando un vaso de Dios comienza a embriagarse con el mundo y abandona el mandato del Señor de estar sobrio, la destrucción será grande. Esto marca el inicio de la tristeza para la persona. Esta embriaguez espiritual tiene una característica principal: el abandono de la voluntad de Dios. Una vez que la carne comienza a tomar control, con cada decisión tomada (no importa qué tan buena sea la intención) ¡está caminando hacia la muerte! Si hay algo peor que la embriaguez natural es la embriaguez espiritual. Solo presta atención:

"El vino es escarnecedor, la sidra alborotadora, Y cualquiera que por ellos yerra no es sabio." (Proverbios 20:1)

**"¿Para quién será el ay? ¿Para quién el dolor? ¿Para

quién las rencillas? ¿Para quién las quejas? ¿Para quién las heridas en balde? ¿Para quién lo amoratado de los ojos? Para los que se detienen mucho en el vino, Para los que van buscando la mistura. No mires al vino cuando rojea, Cuando resplandece su color en la copa. Se entra suavemente; Mas al fin como serpiente morderá, Y como áspid dará dolor." (Proverbios 23:29-32)

La embriaguez espiritual es una de las más grandes armas que satanás ha utilizado en los últimos días. Está en lo más profundo de nuestra sociedad, engaña a los creyentes con un espejismo y su ilusión parece tan real, pero al final te matará.

NUESTRO ADVERSARIO, ¿UN LEÓN RUGIENTE?

"Sed sobrios, y velad; porque vuestro adversario el diablo, como león rugiente, anda alrededor buscando a quién devorar." (1 San Pedro 5:8)

Como un creyente joven, solía siempre cuestionarme acerca de este pasaje. Una cosa estaba clara para mí- el diablo no estaba jugando conmigo. Además, pensé "si el diablo es como un león rugiente que quiere devorarme, ¿Por qué quiere hacer eso? ¿Por qué el diablo querría devorar un simple creyente como yo? ¿Qué he hecho? no pasó mucho tiempo antes de llegar a entender este versículo desde ahí comencé a caminar sobriamente ante el Señor.

Descubrí algunas cosas sobre el diablo y sus palabras sucias. Me di cuenta de que estaba tan interesado en convertir en nada todo el trabajo que Dios había hecho en mí. Lo que el diablo quería devorar era la voluntad de Dios en mí; todo su objetivo era desviarme de lo que Dios tenía y tiene reservado para mi vida.

NEHEMÍAS, MOVIDO POR LA VOLUNTAD DE DIOS

"Palabras de Nehemías hijo de Hacalías. Aconteció en el mes de Quisleu, en el año veinte, estando yo en Susa, capital del reino, que vino Hanani, uno de mis hermanos, con algunos varones de Judá, y les pregunté por los judíos que habían escapado, que habían quedado de la cautividad, y por Jerusalén. Y me dijeron: El remanente, los que quedaron de la cautividad, allí en la provincia, están en gran mal y afrenta, y el muro de Jerusalén derribado, y sus puertas quemadas a fuego. Cuando oí estas palabras me senté y lloré, e hice duelo por algunos días, y ayuné y oré delante del Dios de los cielos." (Nehemías 1:1-4)

Nehemías, el siervo de Dios estaba sirviendo como copero en el palacio al rey de Persia cuando algunos de sus amigos vinieron a visitarlo. Esta visita no era ordinaria porque el Señor tenía otras cosas en mente para Nehemías. Iba a ser un día de destino para este hombre.

Sus amigos le trajeron palabra respecto a los judíos que habían escapado y que sobrevivieron al cautiverio y respecto a Jerusalén.

Comúnmente, nuestros corazones estarían llenos de empatía al escuchar malas noticias de las personas que conocemos, esto era diferente.

Nehemías no solo estaba lleno de tristeza, sino que dijo… **"me senté y lloré, e hice duelo por algunos días…"** Nehemías fue movido por el Espíritu Santo a entrar en otra dimensión, la dimensión de Dios. Él se sintió movido por el Señor a hacer algo con respecto "a la angustia y al reproche" que había invadido el pueblo de Dios.

Cualquier hombre que desee y comience a restaurar o reconstruir el reino de Dios será confrontado por el mal. Cada hombre o mujer de Dios que determina en su corazón hacer todo lo que está en la voluntad del Señor se enfrentara con toda la furia de Satanás. Mi pregunta para ti es, "¿estás listo para enfrentarte al infierno?"

LOS ENEMIGOS DE NEHEMÍAS

Como hemos estado hablando acerca de ser sobrios en el Señor, te preguntarás ¿qué tiene que ver Nehemías con ser sobrio? Nehemías tipifica los últimos días del ejército en muchas maneras, pero nada representa al enemigo en los últimos días más que los tres enemigos de Nehemías.

Después que Nehemías fue a Jerusalén y evaluó el daño de la batalla, dijo a su grupo:

"Les dije, pues: Vosotros veis el mal en que estamos, que Jerusalén está desierta, y sus puertas consumidas por el fuego; venid, y edifiquemos el muro de Jerusalén, y no estemos más en oprobio. Entonces les declaré cómo la mano de mi Dios había sido buena sobre mí, y asimismo las palabras que el rey me había dicho. Y dijeron: Levantémonos y edifiquemos. Así esforzaron sus manos para bien. Pero cuando lo oyeron Sanbalat horonita, Tobías el siervo amonita, y Gesem el árabe, hicieron escarnio de nosotros, y nos despreciaron, diciendo: ¿Qué es esto que hacéis vosotros? ¿Os rebeláis contra el rey? Y en respuesta les dije: El Dios de los cielos, él nos prosperará, y nosotros sus siervos nos levantaremos y edificaremos, porque vosotros no tenéis parte ni derecho nimemoria en Jerusalén." (Nehemías 2:17-20)

Nehemías fue rápidamente amenazado por sus tres enemigos Sanbalat, Tobías y Gesem; ellos no tenían ningún interés por reedificar la ciudad del gran rey. Tenían una mala voluntad hacia algo piadoso y santo y estaban determinados a parar la obra a toda costa.

Queridos, ¿no es similar esto como lo que hace Satanás?

¿No es esto parecido a lo que el enemigo está haciendo para obstaculizar la obra de Dios en los últimos días- tanto en la vida personal y en los creyentes en general?; pero ¿Cómo lo hace?

NEHEMÍAS PERMANECE SOBRIO Y VIGILANTE

Al final de la obra, el enemigo viene y trata de obstaculizar una vez más el trabajo, ¿Cómo lo hizo? Sorprendentemente ¡no fue a través de fuerza o intimidación! Fue mediante el engaño. El mal una vez más vuelve a amenazar el estado de alerta de Nehemías. ¡Lo mismo está ocurriendo hoy! ¿Cómo está el estado de vigilancia del creyente? ¿Estamos alerta? ¿Estamos sobrios? ¿O estamos tan ebrios con el vino del mundo que no podemos discernir la voz de Dios? Veamos nuestro ejemplo:

"Cuando oyeron Sanbalat y Tobías y Gesem el árabe, y los demás de nuestros enemigos, que yo había edificado el muro, y que no quedaba en él portillo (aunque hasta aquel tiempo no había puesto las hojas en las puertas), Sanbalat y Gesem enviaron a decirme: Ven y reunámonos en alguna de las aldeas en el campo de Ono. Mas ellos habían pensado hacerme mal. Y les envié mensajeros, diciendo: Yo hago una gran obra, y no puedo ir; porque cesaría la obra, dejándola yo para ir a vosotros. Y enviaron a mí con el mismo asunto hasta cuatro veces, y yo les respondí de la misma manera." (Nehemías 6:1-4)

Nehemías no se entretuvo con la voz de sus enemigos, oh no. Nehemías estaba sobrio, él estaba a la expectativa y respondió: "Yo hago una gran obra, y no puedo ir; porque cesaría la obra, dejándola yo para ir a vosotros." Creo firmemente que esta debería ser nuestra respuesta cada vez que el diablo viene a apartarnos de la voluntad de Dios. Debemos de estar sobrios y estar tan concentrados que no caigamos en sus mentiras.

Recuerda que el plan del diablo ha estado en juego desde el principio de tu salvación con el propósito de devorarte y llevarte lejos de la voluntad de Dios. Permanezcamos sobrios y vigilantes. Selah.

DESAFÍATE TÚ MISMO Y VE MÁS PROFUNDO CON JESÚS en el CAPÍTULO 11

1. ¿Has experimentado la tentación de abandonar tu compromiso de servir a Dios simplemente porque te desanimaste?

2. Al enemigo le encantaría venir tras de ti y derrumbarte si te quedas dormido (hablando espiritualmente.) ¿Qué cosas puedes hacer para mantenerte alerta y vigilante en el Señor?

    a. _____

b. _____

c. _____

d. _____

e. _____

3. Nehemías fue uno de los más grandes reformadores de Dios: reconstruyó las murallas de Jerusalén y devolvió el orden a la nación. Todo esto costo un alto precio. ¿Estás dispuesto a pagar el precio para que Dios te use al máximo?

4. Todos nosotros tenemos enemigos que hacen todo lo posible por destruir la visión de Dios en nuestros corazones. ¿Podrías enumerar tus enemigos y orar para que Dios detenga sus planes en contra de tu vida, tu familia y tu ministerio?

12

¡PADRE! - QUIERO CONOCER MÁS DE JESÚS.

"A fin de conocerle, y el poder de su resurrección, y la participación de sus padecimientos, llegando a ser semejante a él en su muerte..." (Filipenses 3:10)

La primera vez que leí esta porción de la Escritura, me di cuenta de que el Apóstol Pablo aún tenía hambre de conocer más de Jesús. Este gran hombre de Dios había ido al cielo y había visto al Señor. Este varón de Dios ya había estado trabajando en la obra de Dios estableciendo líderes en varias iglesias. ¿Qué más podría pedir un siervo del Señor?

Considero que el apóstol Pablo era un hombre que anhelaba conocer a Dios y que en lo más profundo de su corazón ardía el deseo de contemplar más profundamente la belleza de Cristo.

Creo que en ocasiones como creyentes alcanzamos algunas "millas de piedra" y nos sentimos contentos con esa sencilla bendición. Hoy en día, "los pocos" son una clase diferente. Ellos saben que hay más de Jesús por obtener.

Pablo no era tan diferente a ti y a mí porque también era

humano; pero tenía demasiada hambre de conocer más y más a Jesús. Muy a menudo nosotros nos sentimos satisfechos con "un pequeño bocado" de alguna buena obra y no nos atrevemos a buscar algo más profundo con Jesús. Nos contentamos con una cosa externa y no profundizamos en Su belleza.

Hoy en día no todos los creyentes están satisfechos con lo que han alcanzado en Cristo. Existen muchos creyentes quienes tienen un hambre genuina de conocer más a Jesús. Tienen hambre y sed de justicia y su hombre interior gime por contemplar a su Creador y su Rey.

Si has hecho esta oración recientemente o hace diez o veinte años atrás, ¡entonces prepárate para que el fuego de Dios llene tu vida y te transforme!

FUEGO SANTO

"Y la gloria de Jehová reposó sobre el monte Sinaí, y la nube lo cubrió por seis días; y al séptimo día llamó a Moisés de en medio de la nube. Y la apariencia de la gloria de Jehová era como un fuego abrasador en la cumbre del monte, a los ojos de los hijos de Israel. Y entró Moisés en medio de la nube, y subió al monte; y estuvo Moisés en el monte cuarenta días y cuarenta noches."
(Éxodo 24:16-18)

"Porque nuestro Dios es fuego consumidor." (Hebreos 12:29)

"Jehová reina; regocíjese la tierra, Alégrense las muchas costas. Nubes y oscuridad alrededor de Él; Justicia y juicio son el cimiento de su trono. Fuego irá delante de él, Y abrasará a sus enemigos alrededor." (Salmos 97:1-3)

Al escudriñar las escrituras es evidente que el Señor es fuego consumidor. Su gloria es fuego consumidor y efectivamente el fuego va a delante de él.

Muchas veces, los creyentes sin saber elevan una oración al Señor semejante a la que es usada como título aquí. ¡Ellos anhelan conocer más de Jesús! La única cosa que desconocen es que ese "fuego" de la gloria de Dios lo rodea a Él. Así que tan cerca como tú estés de Dios, ¡más caliente se sentirá! ¿Lo has sentido? ¡Es el fuego consumidor del Señor!

El fuego es utilizado por el orfebre para purificar le oro y hacerlo útil. Es el fuego que hace resaltar la belleza del oro. Cuando uno ora "Dios, permíteme verte", el creyente se está invitando el mismo a un horno ardiente de la presencia de Dios.

EL HORNO DE LA AFLICCIÓN: LA ORDEN DE DIOS PARA REVELACIÓN

"Por esto en aquel tiempo algunos varones caldeos vinieron y acusaron que todo hombre, al oír el son de la bocina, de la flauta, del tamboril, del arpa, del salterio, de la zampoña y de todo instrumento de música, se postre y adore la estatua de oro; y el que no se postre y adore, sea echado dentro de un horno de fuego ardiendo. Hay unos varones judíos, los cuales pusiste sobre los negocios de la provincia de Babilonia: Sadrac, Mesac y Abed-nego; estos varones, oh rey, no te han respetado; no adoran tus dioses, ni adoran la estatua de oro que has levantado. Entonces Nabucodonosor dijo con ira y con enojo que trajesen a Sadrac, Mesac y Abed-nego. Al instante fueron traídos estos varones delante del rey. Habló Nabucodonosor y les dijo: ¿Es verdad, Sadrac, Mesac y Abed-nego, que vosotros no honráis a mi dios, ni adoráis la estatua de oro que he levantado? Ahora, pues, ¿estáis dispuestos para que, al oír el son de la bocina, de la flauta, del tamboril, del arpa, del salterio, de la zampoña y de todo instrumento de música, os postréis y adoréis la estatua que he hecho? Porque si no la adorareis, en la misma hora seréis echados en medio de un horno de fuego ardiendo; ¿y qué dios será aquel que os libre de mis manos? Sadrac, Mesac y Abed-nego respondieron al rey Nabucodonosor, diciendo: No es necesario que te respondamos sobre este asunto. He aquí nuestro Dios a quien servimos puede librarnos del horno de fuego ardiendo; y de tu mano, oh rey, nos librará. Y si no, sepas, oh rey, que no serviremos a tus dioses, ni tampoco

adoraremos la estatua que has levantado. Entonces Nabucodonosor se llenó de ira, y se demudó el aspecto de su rostro contra Sadrac, Mesac y Abed-nego, y ordenó que el horno se calentase siete veces más de lo acostumbrado. Y mandó a hombres muy vigorosos que tenía en su ejército, que atasen a Sadrac, Mesac y Abed-nego, para echarlos en el horno de fuego ardiendo. Entonces estos varones fueron atados con sus mantos, sus calzas, sus turbantes y sus vestidos, y fueron echados dentro del horno de fuego ardiendo. Y como la orden del rey era apremiante, y lo habían calentado mucho, la llama del fuego mató a aquellos que habían alzado a Sadrac, Mesac y Abed-nego. Y estos tres varones, Sadrac, Mesac y Abed-nego, cayeron atados dentro del horno de fuego ardiendo. Entonces el rey Nabucodonosor se espantó, y se levantó apresuradamente y dijo a los de su consejo: ¿No echaron a tres varones atados dentro del fuego?
Ellos respondieron al rey: Es verdad, oh rey. Y él dijo: He aquí yo veo cuatro varones sueltos, que se pasean en medio del fuego sin sufrir ningún daño; y el aspecto del cuarto es semejante a hijo de los dioses." Maliciosamente los judíos hablaron y dijeron al rey Nabucodonosor: Rey, para siempre vive. Tú, oh rey, has dado una ley."
(Daniel 3:8-25)

La historia mencionada anteriormente es sobre tres jóvenes judíos a quienes Dios se les revela en medio de un horno ardiente. La revelación de Dios solo puede ser manifestada en medio de las circunstancias. Es aquí y solo aquí donde Jesús aparecerá – en medio de un horno ardiente.

Para los siervos del Señor que han estado deseando conocer más a Jesús prepárense para el horno ardiente de la aflicción. Dios permitirá que todo tipo de situaciones difíciles vengan a tu vida con el solo propósito de que ¡Jesús sea realmente manifestado en ti!

Muchos creyentes de hoy solo son "profundos", solo conocen la salvación de Dios y sus bendiciones. No tienen ni idea de lo que significa caminar por el camino "estrecho" con el Señor.

La mayoría de los creyentes Americanos creen que el Cristianismo no es nada más que un club religioso.

Asisten a los servicios semanalmente ¡por el simple hecho de que eso es lo que tienen que hacer los domingos! No han sido quebrantados por el Espíritu Santo de Dios y no han estado en el horno ardiente de la aflicción, "los pocos" ¡Sí lo han hecho!

Es hasta que entremos en el horno de fuego que Dios se mostrará y se revelará a nosotros.

LA MUERTE DEBE OCURRIR VENIR ANTES QUE LA GLORIA APAREZCA

"Estaba entonces enfermo uno llamado Lázaro, de Betania, la aldea de María y de Marta su hermana. (María, cuyo hermano Lázaro estaba enfermo, fue la que ungió al Señor con perfume, y le enjugó los pies con sus cabellos. Enviaron, pues, las hermanas para decir a Jesús: Señor, he aquí el que amas está enfermo. Oyéndolo Jesús, dijo: Esta enfermedad no es para muerte, sino para la gloria de Dios, para que el Hijo de Dios sea glorificado por ella. Y amaba Jesús a Marta, a su hermana y a Lázaro. Cuando oyó, pues, que estaba enfermo, se quedó dos días más en el lugar donde estaba. Luego, después de esto, dijo a los discípulos: Vamos a Judea otra vez." (Juan 11:1-7)

"Vino, pues, Jesús, y halló que hacía ya cuatro días que Lázaro estaba en el sepulcro. Betania estaba cerca de Jerusalén, como a quince estadios; y muchos de los judíos habían venido a Marta y a María, para consolarlas por su hermano. Entonces Marta, cuando oyó que Jesús venía, salió a encontrarle; pero María se quedó en casa. Y Marta dijo a Jesús: Señor, si hubieses estado aquí, mi hermano no habría muerto. Mas también sé ahora que todo lo que pidas a Dios, Dios te lo dará. Jesús le dijo: Tu hermano resucitará. Marta le dijo: "Yo sé que resucitará en la resurrección, en el día postrero." Le dijo Jesús: Yo soy la resurrección y la vida; el que cree en mí, aunque esté muerto, vivirá. Y todo aquel que vive y cree en mí, no morirá eternamente. ¿Crees esto?" (Juan 11:17-26)

"Jesús, profundamente conmovido otra vez, vino al sepulcro. Era una cueva, y tenía una piedra puesta encima. Dijo Jesús: Quitad la piedra. Marta, la hermana del que había muerto, le dijo: Señor, hiede ya, porque es de cuatro días. Jesús le dijo: ¿No te he dicho que si crees, verás la gloria de Dios? Entonces quitaron la piedra de donde había sido puesto el muerto. Y Jesús, alzando los ojos a lo alto, dijo: Padre, gracias te doy por haberme oído. Yo sabía que siempre me oyes; pero lo dije por causa de la multitud que está alrededor, para que crean que tú me has enviado. Y habiendo dicho esto, clamó a gran voz: ¡Lázaro, ven fuera!" (Juan 11:38-43)

Otro método que Dios usa para revelar Su gloria se encuentra escrito en Juan 11. La escritura nos enseña que Dios amaba a Lázaro y a sus hermanas. La palabra de Dios revela que Cristo sabía acerca de la enfermedad de Lázaro y como poco a poco lo conducía a la muerte.

¿Por qué Cristo no se apresuró a llegar a la casa de Lázaro? ¿Por qué cuando le avisaron de la enfermedad todavía esperó dos días más? ¿No era Lázaro un hermano que Jesús amaba?

Queridos santos, por favor escúchenme. Esta es otra forma que el Señor usa para revelar Su gloria a los siervos que tienen hambre de Él, conocidos como "los pocos". Dios permitirá que la situación sea tan "maloliente" (como una muerte maloliente) antes que El venga a ocuparse del asunto. Jesús permitirá que la situación esté fuera del alcance humano, antes que Él venga a revivir a los muertos.

En nuestras vidas, Jesús permitirá que nuestros sueños, planes e ideas lleguen a partirse a la mitad (quebrantarse) ¡antes de que Él revele Su corazón y sus pensamientos a nuestras mentes!

Dios no competirá por tu atención o por la mía. No entraré en un duelo con otros dioses. No levantará lo que todavía está vivo. Esperará pacientemente a que la muerte haga su trabajo perfecto, entonces vendrá y nos resucitará a con una forma nueva y refinada.

Si has orado sinceramente al Padre que te revele a Jesús de una forma más profunda y maravillosa, entonces prepárate para que el fuego de Dios te toque. Este es el camino de "los pocos". Recuerda, ¡el fuego va delante de Él!

DESAFÍATE TÚ MISMO Y VE MÁS PROFUNDO CON JESÚS en el CAÍITULO 12

1. ¿Te has encontrado hambriento cada vez más y más de Jesús?

2. Si tú hambre por Jesús no ha crecido cada

vez más, ¿le has preguntado al Señor el porqué de tu falta de apetito espiritual?

3. ¿Alguna vez has clamado a Dios diciendo: "¡Padre, quiero conocer más de Jesús!"

4. ¿Alguna vez has experimentado el fuego de Dios en tu propia vida?

5. ¿Alguna vez has alcanzado el punto más bajo del quebrantamiento e impotencia? Si lo has alcanzado, entonces sé que has encontrado el secreto del poder de Dios. Este es el camino de "los pocos".

13

EL CORAZÓN DE DIOS DEBE TENER LA PREEMINENCIA

Si hay una cosa que "los pocos" entienden es el hecho de que Dios debe tener la preeminencia, es decir, el completo entendimiento que ningún otro debe brillar sino solo Jesús, el Rey.

"Él es la imagen del Dios invisible, el primogénito de toda creación. Porque en Él fueron creadas todas las cosas, las que hay en los cielos y las que hay en la tierra, visibles e invisibles; sean tronos, sean dominios, sean principados, sean potestades; todo fue creado por medio de él y para él. Y él es antes de todas las cosas, y todas las cosas en él subsisten; y él es la cabeza del cuerpo que es la iglesia, él que es el principio, el primogénito de entre los muertos, para que en todo tenga la preeminencia." (Colosenses 1:15-18)

Esta verdad y principio mencionan que Jesucristo tiene que ser el primero en todo lo que hacemos. Como creyentes recién nacidos, Jesús nos ha llamado a una vida de total rendición y dedicación a Él. Nuestro llamado como creyentes es intimar con nuestro Creador y tener total dependencia de Él.

Fue idea de Dios el rescatar a los pecadores, que por cierto, eran indefensos y no podían hacer nada para redimirse. Es precisamente este hecho el que nos ha aprobado y nos ha hecho partícipes de esta asombrosa salvación.

Esta historia de redención es la que muchas personas indefensas aceptan para encontrarse con los brazos extendidos del amado Salvador. Es con esta idea que quiero compartir esta verdad contigo.

En el pasaje anterior aprendemos que Dios hizo todas las cosas. Más adelante la Escritura continúa diciendo que, **"Todas las cosas fueron creadas por Él y para Él"**. Tú y yo fuimos creados por el Señor para Él. Estamos llamados a ser partícipes en Su vida y testimonios de Su naturaleza aquí en la tierra donde fue rechazado.

Cuando el Señor manifestó Su vida a nosotros fue con la intención de que nosotros estuviéramos en el lugar de intimidad. Nuestra vida sería Su vida. Recuerda, "los pocos" están llamados a permanecer en Él y haciendo esto ellos darán mucho fruto para Él.

A menudo pregunto a los siervos del Señor, ¿Cuál es la voluntad de Dios para tu vida? La voluntad de Dios solo puede conocerse en el lugar secreto es decir en su habitación. Mientras permanezcamos en Él, la vida de Cristo Jesús nos guiará a nuestro siguiente movimiento en

Él.

¿Por qué hay tantos creyentes desanimados, perdidos y en gran manera confundidos? Respuesta: carecen de intimidad y de lo que realmente significa estar con Él.

Presta atención a la enseñanza de Jesús nuestro Señor:

"Permaneced en mí, y yo en vosotros. Como el pámpano no puede llevar fruto por sí mismo, si no permanece en la vid, así tampoco vosotros, si no permanecéis en mí. Yo soy la vid, vosotros los pámpanos; el que permanece en mí, y yo en él, éste lleva mucho fruto; porque separados de mí nada podéis hacer. El que en mí no permanece, será echado fuera como pámpano, y se secará; y los recogen, y los echan en el fuego, y arden. Si permanecéis en mí, y mis palabras permanecen en vosotros, pedid todo lo que queréis, y os será hecho." (Juan 15:4-7)

Jesús claramente nos permitió ver que, si permanecemos en Él, llevaríamos fruto. Nuevamente, Él dice: **"El que en mí no permanece, será echado fuera como pámpano, y se secará"**

Veamos algunos aspectos importantes en este pasaje. Primero Jesús dijo: **"El que en mí no permanece, será echado fuera como pámpano, y se secará"** la palabra "echar o arrojar" (viene del latín rótüláre, de rotülus, rodillo) significa ballo; lanzar (algunas veces de forma violenta o intensa).

No creo que el Señor desee arrancar a la gente violentamente o intensamente, pero creo firmemente que eso es lo que sucede cuando alguien deja de permanecer en Dios. Se alejan de la vivificante corriente de Dios.

Las Escrituras también nos declaran las consecuencias de no permanecer en Dios; declara que nos secaremos. La palabra "secar" significa marchitarse (o hacer que una persona pierda su fuerza, belleza y vitalidad). La razón por la cual se presenta la sequedad es porque ya no hay más vida fluyendo en nosotros. No creo que sea posible que Dios nos arranque (tire, arroje) de Él, pero sí creo que sea posible que nosotros podemos arrancarnos del poder de la vida cuando descuidamos la cuestión de permanecer en el caminar con Dios.

El apartarnos de esta corriente de vida significa muerte automática o suicidio espiritual, si usted así quiere llamarlo.

Considero que una de las armas más poderosas nunca antes formadas en el infierno es el hombre que se cree autosuficiente. Esta mentalidad hace al hombre creer que no necesita de su Creador para mantenerse vivo. Esta trama infernal de satanás se viste con muchas máscaras, pero al final es siempre lo mismo; el ego y el orgullo del hombre.

Nuestra cultura ha hecho que muchos creyentes crean

que, con solo asistir a los servicios semanales de la iglesia, dando sus diezmos y extendiendo la mano aquí y allá es suficiente para permanecer cerca de Dios.

La única cosa que te mantendrá a ti y a mí cerca del corazón de Dios, es nuestra dependencia de Él, es nuestra confianza en Dios y ¡una relación cada vez más íntima con Jesús!

El hombre dice en su corazón: "Yo no necesito ser tan espiritual- ese es el trabajo del predicador" Muchos han dicho, "Mucha oración y mucho estudio Bíblico me pueden volver loco". No sé si me volveré loco, pero sin duda, mucha oración y lectura de la Biblia ¡solo me ayudan a rendirle cuentas a mi Rey!

LA RAZÓN DE LAS "COSAS PEQUEÑAS"

"Después de esto, Jesús fue al otro lado del mar de Galilea, el de Tiberias. Y le seguía gran multitud, porque veían las señales que hacía en los enfermos. Entonces subió Jesús a un monte, y se sentó allí con sus discípulos. Y estaba cerca la pascua, la fiesta de los judíos. Cuando alzó Jesús los ojos, y vio que había venido a él gran multitud, dijo a Felipe: ¿De dónde compraremos pan para que coman éstos? Pero esto decía para probarle; porque él sabía lo que había de hacer. Felipe le respondió: Doscientos denarios de pan no bastarían para que cada uno de ellos tomase un poco. Uno de sus discípulos, Andrés, hermano de Simón Pedro, le dijo: Aquí está un muchacho, que tiene cinco panes de cebada y dos pececillos; mas ¿qué es esto para tantos? Entonces Jesús dijo: Haced recostar la gente. Y había mucha hierba en aquel lugar; y se recostaron como en número de cinco mil varones. Y tomó Jesús aquellos panes, y habiendo dado gracias, los repartió entre los discípulos, y los discípulos entre los que estaban recostados; asimismo de los peces, cuanto querían." (Juan 6:1-11)

Hay algo interesante en el ministerio de Jesús es que se pone en medio de lo que parecería una situación "difícil". Jesús sabiendo todas las cosas, **"porque él sabía lo que había de hacer"** probó a uno de Sus discípulos- Felipe. Le preguntó a este futuro siervo de Dios, **"¿De dónde compraremos pan para que coman éstos?"** Recuerda, Jesús estaba ahí para un propósito: ¡que en todas las cosas Él tenga la preeminencia!

Jesús le pidió una respuesta a Felipe sobre como alimentar a esta gran multitud de 5,000 personas. Felipe, como nosotros y muchos creyentes de hoy, no reconoció el poder de Dios y su gran potencial para hacer maravillas y milagros. Se volteó y siguió obedeciendo con el arma de la carne y se mantuvo "en un estado conservador" entonces respondió razonablemente y de acuerdo a la lógica, **"Doscientos denarios de pan no bastarían para que cada uno**

de ellos tomase un poco."

No importaba que Felipe hiciera sus cálculos, él iba a obtener algo más que solo agregar cifras y llegar a una solución matemática- ¡iba a tener el privilegio de ver a Dios haciendo ese milagro!

Jesús quiere tener la preeminencia en Su cuerpo una vez más. Él anhela ser el primero; ¡Él anhela ser glorificado en la congregación una vez más! Él no está buscando a alguien que comience a contar con sus dedos y hacer cálculos matemáticos. Él está buscando a alguien que pueda decir, "¡Yo creo que tú eres Jesús, el hijo del Dios viviente!" "Nada es difícil para ti!"

Escucha por favor, si el Señor te ha llevado a una situación en tu vida, no importa cuán difícil, no importa cuán imposible o adversa sea- si Jesús permite que la "situación" este en tu vida, entonces puedes estar seguro de algo- Él también te sacara, porque **él sabía lo que había de hacer**.

La razón por la que tú y yo luchamos sobre cómo vamos a "alimentar a las multitudes" es porque somos tan terrenales y el lugar del milagro de Dios, está en los cielos.

El deseo ardiente de Pablo es que el creyente entienda el poder de buscar aquellas cosas que están arriba.

"Si, pues, habéis resucitado con Cristo, buscad las cosas de arriba, donde está Cristo sentado a la diestra de Dios. Poned la mira en las cosas de arriba, no en las de la tierra. Porque habéis muerto, y vuestra vida está escondida con Cristo en Dios." (Colosenses 3:1-3)

La mente carnal está en enemistad con lo que las Escrituras de Dios dicen. Nos roba a ti y a mí el poder de caminar en lo sobrenatural. Si Jesús no está teniendo la preeminencia en nuestras vidas en cada momento de nuestro caminar, ¡entonces sucumbiremos en la carne y la destrucción será terrible!

"Pero cualquiera que me oye estas palabras y no las hace, le compararé a un hombre insensato, que edificó su casa sobre la arena; y descendió lluvia, y vinieron ríos, y soplaron vientos, y dieron con ímpetu contra aquella casa; y cayó, y fue grande su ruina." (Mateo 7:26-27)

Darle la preeminencia a Cristo no es solo escucharlo a Él, sino obedecer cada uno de sus mandamientos. Es aquí donde Él es grandemente exaltado. Nuestra obediencia le da a Él la preeminencia.

Seremos probados una y otra vez en cuanto a nuestra fe. Sería sabio empezar escuchando Su voz y comenzar a entender los caminos del Espíritu. Jesús es total y completamente cien por ciento diferente a nosotros.

Cuando lleguemos al lugar donde verdaderamente entendamos que Dios tiene la preeminencia, entonces habremos alcanzado la mentalidad de "los pocos".

DESAFÍATE TÚ MISMO Y VE MÁS PROFUNDO CON JESÚS en el CAPÍTULO 13

1. La tentación de cada creyente es obtener la gloria que le pertenece a Cristo. ¿Cómo has logrado superar esta tentación en tu propia vida?

2. El Señor quiere ser tu todo- ¿Te resulta fácil practicar este hecho en tu vida diaria?

3. Jesús dijo: "Permaneced en mí" ¿Qué significa esto para ti, de manera personal?

4. ¿Has sido probado por el Señor de manera que te invitó a usar los recursos que tenías, a pesar que parecía que lo que tenías a la mano no era suficiente para suplir la necesidad?

5. Creo que Dios quiere de nosotros todo lo que tengamos en la mano. ¿Te gustaría que el Señor usará tu vida de una forma maravillosa?

14

EL OTRO LADO

"Aquel día, cuando llegó la noche, les dijo: Pasemos al otro lado. Y despidiendo a la multitud, le tomaron como estaba, en la barca; y había también con él otras barcas. Pero se levantó una gran tempestad de viento, y echaba las olas en la barca, de tal manera que ya se anegaba. Y él estaba en la popa, durmiendo sobre un cabezal; y le despertaron, y le dijeron: Maestro, ¿no tienes cuidado que perecemos? Y levantándose, reprendió al viento, y dijo al mar: Calla, enmudece. Y cesó el viento, y se hizo grande bonanza. Y les dijo: ¿Por qué estáis así amedrentados? ¿Cómo no tenéis fe? Entonces temieron con gran temor, y se decían el uno al otro: ¿Quién es éste, que aun el viento y el mar le obedecen?" (Marcos 4:35-41)

Cuando uno dispone su corazón para seguir a Jesús, debe preparase para las aventuras más grandes en su vida. Seguir a Jesús es todo menos algo aburrido o estancado. Cuando sinceramente y con todo el corazón seguimos al Señor, nuestros ojos verán y experimentarán grandes cosas.

Si has caminado con Jesús por un corto periodo de tiempo, probablemente has experimentado lo que es caminar por fe. Caminar por fe es simplemente creer lo que Jesús te ha dicho y mantener ese curso creyendo- hasta que se cumpla. Ahora no todo, "cae en su lugar" para muchas cosas se pondrá en el camino el "punto A" y el "punto B". ¿Qué son estas cosas? Si Dios me ha prometido algo a mí, ¿Por qué tengo que luchar para llegar a mi destino?

Aquí está otro principio que "los pocos" han adoptado y han llegado a comprender con mayor perspicacia.

Creo que Dios tiene total control en mi vida antes, durante y después, Él me lo prometió. Él sin duda completará lo que ha empezado en mí. Mi motivación para seguirlo apasionadamente no debe ser por la recompensa que recibiré al final. Mi motivación debe ser la maravillosa transformación a Su semejanza la cual se obtiene durante el viaje hacia la promesa.

LA PROMESA ES DADA

En el texto anterior, Jesús dice aquellos que lo estaban siguiendo a Él, **"Pasemos al otro lado."** Es obvio que Jesús tenía el deseo de "cruzar al otro lado". Tal vez para seguir ministrando a otros, o quizás Él estaba a punto de probar a los jóvenes seguidores en la escuela de la fe. Creo que esto último.

Muchas veces, los creyentes se emocionan cuando Dios les hace una promesa. Deberíamos emocionarnos cuando recibimos una promesa específica del Señor, pero muy a menudo el creyente falla en recibir esa promesa debido a su incredulidad. Dios desea revelar los secretos de su corazón a cualquiera que quiera escuchar, Él está dispuesto a moverse a través de los vasos que están dispuestos, siempre y cuando nosotros estemos dispuestos a ¡creerle a Él! He llegado a creer que Dios está más interesado en que yo aprenda y crezca en "tener confianza en la fe" que en la recompensa.

En la iglesia de hoy, los creyentes en general, están tan concentrados y consumidos en la promesa que descuidan totalmente lo que Dios ha estado anhelando lograr en ellos. He hablado con creyentes que están amargados con alguien o con una iglesia por no recompensarlos como ellos pensaban o deseaban. "Esto no es justo"-dicen ellos: "Fui maltratado y descuidado". He escuchado muchos "quejidos" del por qué las cosas han sido injustas y del por qué ellos no han recibido la recompensa.

Oh Iglesia, si pudiéramos dar un simple vistazo a las intenciones de Dios, aunque sea por un segundo, cambiaríamos para siempre y estaríamos en camino a una transformación similar a Cristo. "Los pocos" entienden esto.

Por favor recuerda, la promesa es una visión de algo que en el futuro Dios quiere lograr contigo, pero primero debe trabajar en ti. Por lo tanto, la promesa es el medio que Dios utiliza para revelar nuestros corazones a nosotros mismos. Si viéramos las cosas a la manera de Dios, entonces entenderíamos que no se trata de lo que estoy obteniendo sino de lo que estoy aprendiendo a dar mientras camino hacia mi promesa.

LOS VIENTOS Y LAS OLAS

Es emocionante ver a alguien aceptar a Cristo y entregar su corazón completamente a Jesús. La biblia dice que el cielo se regocija cuando un pecador se arrepiente. Creo que, con la misma emoción y alegría, deberíamos aplaudir aquel que está siendo probado en Su caminar con Dios y está venciendo y aprendiendo a apoyarse en Cristo por sus victorias.

El cumplimiento de cualquier promesa es algo grande, pero el camino para llegar a ella debe ser aún más dulce. Si tú puedes entender esto, eres bendecido. Los discípulos estaban emocionados de estar con Jesús y mucho más emocionados estaban de seguirlo a dondequiera que Él se dirigía. Tan pronto la invitación llegó a los discípulos, se sintieron privilegiados de ser "puestos aparte" por Jesús para venir con él al otro lado.

¿Con qué frecuencia nos hemos sentido tan especiales por la simple razón de que Jesús nos hizo alguna promesa especial o nos dio un llamado especial para cumplirlo por

Él? Nos regocijamos e incluso compartimos con nuestros amigos el cómo Dios nos ha mostrado su gran favor y después descubrirnos que "los vientos y las olas" estaban a la vuelta de la esquina.

Tan pronto los discípulos realizaron su corto viaje, Jesús se quedó dormido y en ese momento el clima cambio drásticamente. La Biblia dice que Jesús estaba dormido sobre un cabezal mientras todo empezaba a suceder. Cuando los discípulos frenéticos comenzaron a ver los vientos soplar y el agua llenar la barca, entraron en pánico. Después de todo, el mar es extenso y parecía imposible sacar el agua de la barca; este y muchos otros pensamientos comenzaron a consumir sus mentes.

Ellos no estaban meditando en la Palabra del Señor, la cual había sido dicha antes, cuando Jesús dijo: "Pasemos al otro lado", todo en lo que ellos estaban pensando era en ¡sus propias vidas!

Cada vez que Dios nos invita a seguirlo, rápidamente se convertirá en un proceso de desarrollo de fe. Algo tendrá que morir si vamos a caminar por fe. No podemos seguir completamente a Jesús si tenemos una agenda egoísta oculta en nuestros corazones porque Dios expondrá Él mismo toda carne en el día de "los vientos y las olas".

La prueba es la manera en que Dios purifica nuestra fe y la

hace lo que necesita ser. Caminando con el Señor he aprendido que si oramos a Dios para que nos use o si oramos para conocer más de Jesús, es inevitable que nos enfrentemos con la fealdad de nuestros corazones. "Los vientos y olas" de Dios vendrán a nuestra barca y nos obligarán a invocar el nombre del Señor.

Los hijos de Israel tuvieron muchas promesas que les fueron dadas mientras viajaban desde Egipto por el desierto hacia la tierra prometida.

Todo parecía ir fluyendo bien en su camino hasta que tuvieron hambre y sed. Cuando la carne empieza a gritar, la prueba ha comenzado. ¿Estaban dispuestos a pagar el precio de confiar en Jehová para suplir toda provisión? ¿Se pondrían inquietos y comenzarían a acusar a Moisés el siervo de Dios por lo que estaban experimentando? Aparentemente, Israel falló en la prueba miserablemente y se enojó Dios. Escucha sus temerosos corazones:

"Así que el pueblo tuvo allí sed, y murmuró contra Moisés, y dijo: ¿Por qué nos hiciste subir de Egipto para matarnos de sed a nosotros, a nuestros hijos y a nuestros ganados?" (Éxodo 17:3)

La pregunta retumbante es: ¿Por qué nos hiciste subir de Egipto para matarnos de sed a nosotros, a nuestros hijos y a nuestros ganados?" la razón por la cual Dios los sacó es para que pudieran ser libres para adorar y servir a Dios y ahora como estaban siendo probados, dijeron que Dios estaba tratando de matarlos.

Los discípulos de Jesús en esencia dijeron lo mismo: **"y le despertaron, y le dijeron: Maestro, ¿no tienes cuidado que perecemos?"** los discípulos de Jesús estaban temerosos por sus vidas que no entendían porque estaban pasando por todo lo que estaban experimentando. Cuando Jesús les dijo pasemos al otro lado, ellos se emocionaron. Cuando la prueba vino, ¡su incredulidad fue descubierta! Fue lo mismo con el Israel de antaño: querían seguir a Dios fuera de la tierra de Egipto con el propósito de alcanzar una promesa, pero cuando la prueba vino, ellos realmente no creyeron en Dios ni en la promesa que les había sido dada.

Cada vez que nuestros corazones son tocados por Dios para ir a una dimensión mayor, nuestra fe y nuestra perseverancia serán probadas. A cada promesa de Dios le preceden grandes pruebas (significa una…) Cuando le dices a Jesús, "Yo te seguiré Señor", pondrá a prueba tu palabra (tu decisión, tu propósito) tu compromiso con Él.

OBSTÁCULO PARA LA PROMESA

"¿Quiénes fueron los que, habiendo oído, le provocaron? ¿No fueron todos los que salieron de Egipto por mano de

Moisés? ¿Y con quiénes estuvo él disgustado cuarenta años? ¿No fue con los que pecaron, cuyos cuerpos cayeron en el desierto? ¿Y a quiénes juró que no entrarían en su reposo, sino a aquellos que desobedecieron? Y vemos que no pudieron entrar a causa de incredulidad." (Hebreos 3:16-19)

La Biblia declara claramente que fue la incredulidad de los hijos de Israel la que impidió que llegaran a la tierra prometida y será la incredulidad la que nos mantendrá alejados de lo mejor que Dios tiene preparado para nosotros, será la incredulidad la que nos mantendrá en tal estancamiento y a menos que estemos dispuestos a humillarnos ante Dios y le permitamos que nos hable con palabras proféticas, nunca entraremos en la dimensión de Dios para nosotros.

Una de las razones por las que muchos siervos del Señor se están moviendo con Dios es debido a esta verdad- es porque simplemente han visto al Señor y creen en lo que Él les está diciendo. Ellos se están moviendo de acuerdo al tiempo de Dios, al ritmo de Dios, y en la unción de Dios.

INSTRUCCIONES DE JESÚS

Antes de cerrar esta verdad, quiero que veas la última parte de Marcos 4. "Y les dijo: ¿Por qué estáis así amedrentados? ¿Cómo no tenéis fe? Entonces temieron con gran temor, y se decían el uno al otro: ¿Quién es éste, que aun el viento y el mar le obedecen?" esas fueron algunas palabras agudas de Jesús. Pareciera que Jesús estaba tratando de hacerles entender que la fe en Él iba a ser el único camino hacia la victoria en cualquier esfera.

Él señaló dos cosas: temor y no fe. El temor es el fruto de la carne y la fe es enemiga del temor.

Cuando los dos están presentes en nosotros, estamos paralizados espiritualmente. Cuando el temor y la falta de fe son predominantes en nuestras vidas es casi como si estuviéramos dentro de una chaqueta ajustada, incapaces de movernos o hacer algo.

¿Cómo nos libramos de esto? Los discípulos dieron la respuesta en la siguiente oración, ¿Quién es éste, que aun el viento y el mar le obedecen?" su miedo y falta de fe vinieron porque no lo conocían a Él. No conocían sus caminos, Su corazón, Su mente y sus métodos. Habían estado con Él, pero no le conocían. Hay muchos en la iglesia de hoy que no le conocen, en consecuencia, tienen su estilo de vida carnal y rebeliones.

DESAFÍATE TÚ MISMO Y VE MÁS PROFUNDO CON JESÚS en el CAPÍTULO 14

1. El Señor está constantemente desafiándonos a caminar con el hacia lugares desconocidos.

¿Cuál fue el último lugar a donde Dios te invitó para caminar con Él?

2. Cada promesa tiene una condición, prepárate para seguir adelante cuando Dios te de una promesa personal.

3. Cada invitación requiere cierto nivel de fe. Solo a través de la fe, uno puede ver el camino hacia la promesa.

4. Con cada paso de fe que tú des, iras más profundo. Podrás tener miedo, pero ¡no temas! Dios te sacará si te aferras a Su promesa.

15

NO PUEDO ESPERAR PARA ENAMORARME DE JESÚS

El hecho de que uno camina cerca o de la mano con Jesús, no significa que no va a tener tiempos de descenso donde se puede sentir un poco frío o indiferente a Dios. Los pocos, esta compañía de los discípulos de Dios, conocen muy bien el peligro que hay al perder la comunión con Dios. Le puede suceder a cualquier persona. Continuemos leyendo.

¿DE DÓNDE SALIÓ EL AMOR POR JESÚS?

Me gustaría empezar diciendo que muchos creyentes de hoy se encuentran espiritualmente en una etapa "fría" en su caminar con Jesús y se preguntan dónde se equivocaron o si hicieron algo mal.

Incluso hay algunos que sienten que debido a las muchas pruebas y aflicciones han sido "sacados" del lugar de la comunión y hay otros que están desconcertados por la desagradable carga que crece dentro de ellos. "Cómo pude haber hecho semejante cosa", dicen ellos, ¡ese no soy yo! ¿Cómo se infiltra toda esa frialdad en nuestros corazones? ¿En que nos equivocamos? ¿A dónde se fue mi lealtad y compromiso con Dios? Estoy hablando de un tema que muy pocos cristianos quisieran admitir, pero ¡es cierto!

Muchos creyentes han perdido su unción y ahora están fríos e indiferentes a las cosas del Señor. ¿Por qué?

Veamos una muy necesaria enseñanza en la Palabra de Dios. **"Escribe al ángel de la iglesia en Éfeso: El que tiene las siete estrellas en su diestra, el que anda en medio de los siete candeleros de oro, dice esto: Yo conozco tus obras, y tu arduo trabajo y paciencia; y que no puedes soportar a los malos, y has probado a los que se dicen ser apóstoles, y no lo son, y los has hallado mentirosos; y has sufrido, y has tenido paciencia, y has trabajado arduamente por amor de mi nombre, y no has desmayado. Pero tengo contra ti, que has dejado tu primer amor. Recuerda, por tanto, de dónde has caído, y arrepiéntete, y haz las primeras obras; pues si no, vendré pronto a ti, y quitaré tu candelero de su lugar, si no te hubieres arrepentido."** (Apocalipsis 2:1-5)

En estos versículos, el Espíritu Santo a través de las manos de Juan el Amado, expone un problema fuerte y en cierto grado "oculto" en la iglesia de Éfeso.

El Señor Jesús rápidamente reconoció que la iglesia de Éfeso solo era grande en el área de "palabras". Jesús les dijo: **"Yo conozco tus obras..."** es obvio que esta iglesia era una iglesia trabajadora. Esta es mi pregunta aquí: si eran una iglesia trabajadora, ¿Por qué Jesús les escribió una advertencia o un mensaje tan severo?

ESCONDIÉNDOSE TRAS GRANDES OBRAS PARA DIOS

Permíteme ahora descubrir este problema escondido en la Iglesia de Éfeso. La Escritura dice que Jesús los elogió diciendo: **"Yo conozco tus obras, y tu arduo trabajo y paciencia; y que no puedes soportar a los malos, y has probado a los que se dicen ser apóstoles, y no lo son, y los has hallado mentirosos; y has sufrido, y has tenido paciencia, y has trabajado arduamente por amor de mi nombre, y no has desmayado."**

Jesús estaba aplaudiendo las grandes obras de esta iglesia. Estaba entusiasmado con sus "externas" manifestaciones de lealtad a la obra de Dios. ¿Era ese el tipo de obras que harían que nuestro Señor estuviera verdaderamente contento? ¿Eran las obras exteriores lo que realmente estaba Él buscando?

En nuestra mentalidad "americana" del evangelio, muchos creyentes piensan que lo que Dios verdaderamente está buscando son las obras exteriores. Muchos pastores han caído en esta misma trampa. Sienten que, porque hay mucha actividad en sus iglesias y ministerios, Dios está siendo muy complacido. La iglesia de Éfeso parecía estar haciendo lo correcto en cuanto a "intentar grandes cosas para Jesús" pero en el proceso, estaban retrocediendo.

Muchos creyentes, incluyendo ministros, se esconden detrás de esta cortina del "grandes obras". Ellos se convencen a sí mismos diciendo, "miren todo lo que Dios está haciendo" y prestan poca atención a lo que realmente está requiriendo el Señor. "Los pocos" están atentos a esto.

Me recuerdan a un alcohólico común. Tiene algunos problemas mayores en su corazón, pero no se ocupa de ellos, sino que toma otra bebida. Bebida sobre bebida, pero a la larga esto solo significa caer en una letargia (en un estupor, círculo vicioso). Muchos creyentes caen en el mismo estado, pero algunos un poco peor, ellos dicen "Estoy bien" pero "están muriendo espiritualmente".

LO QUE REALMENTE LE IMPORTA A DIOS

Yo creo que a Dios le agrada el arduo trabajo; creo que Dios honra aquel cuyo deseo es realizar cosas buenas por el bien del reino, pero también creo que esas cosas, por más excelentes que sean, no sustituyen estar en la intimidad con Jesús. Puedes dar tus diezmos y puedes asistir a la iglesia cada vez que esté abierta la puerta del templo, pero si no estás enamorado de Jesús, aun no lo conoces. ¡Una vez más Dios te está llamando a ser parte de "los pocos"!

"No todo el que me dice: Señor, Señor, entrará en el reino de los cielos, sino el que hace la voluntad de mi Padre que está en los cielos. Muchos me dirán en aquel día: Señor, Señor, ¿no profetizamos en tu nombre, y en tu nombre echamos fuera demonios, y en tu nombre hicimos muchos milagros? Y entonces les declararé: Nunca os conocí; apartaos de mí, hacedores de maldad." (Mateo 7:21-23)

La iglesia de Éfeso llegó a un punto donde se concentraron más en la obra de Dios que en el Dios de la obra.

Cuando empezamos a enfocarnos en alguna otra cosa que no es Jesús- ¡nuestra vida espiritual comienza a estremecerse! primero perderemos nuestro discernimiento, después cuando lo perdemos, todo lo que tendremos para seguir avanzando es nuestra naturaleza [carnal]. ¿Es de extrañarse que gran parte de la obra de Dios se hace bajo la influencia de la carne? ¿Es de maravillarse que mucha depresión nos llene e incluso gobierne nuestras vidas?

Soy un firme creyente de que los cristianos deben desarrollar una vida de intimidad con Jesús si quieren vencer su naturaleza egoísta y a este mundo perverso y al diablo malvado.

Lo que le importa a Dios es que conozcamos a su Hijo Jesucristo en la intimidad. Lo que le interesa a Dios es que nos acerquemos a su corazón, aprendamos a sentarnos a sus pies y comprendamos sus enseñanzas para cada situación cotidiana de nuestras vidas. ¿Me puedes escuchar iglesia? O ¿Aun no comprendes?

¿CÓMO Y DÓNDE PERDIMOS ESE AMOR POR JESÚS?

Antes de exponerte lo que creo que ha sido la causa de perder nuestro amor por Jesús, me gustaría que te hicieras esta pregunta: ¿De verdad amas a Jesús hoy más que nunca? Si tu respuesta es sí; entonces ¡continúa! Si tu respuesta es no, no estoy seguro o un poco; entonces mantén tus ojos espirituales abiertos.

"EL AMADO (Jesucristo)
Como el lirio entre los espinos. Así es mi amiga entre las doncellas.
LA SULAMITA (la iglesia o los discípulos)
Como el manzano entre los árboles silvestres,
Así es mi amado entre
los jóvenes; Bajo la sombra del deseado me senté,
Y su fruto fue dulce a mi paladar.
LA SULAMITA Y LAS HIJAS DE JERUSALÉN
(la iglesia, los discípulos, declaran…)
Me llevó a la casa del banquete, Y su bandera sobre mí fue amor.
Sustentadme con pasas, confortadme con man

zanas;
**Porque estoy enferma de amor. Su izquierda esté debajo de mi cabeza, Y su derecha me abrace.
Yo os conjuro, oh doncellas de Jerusalén,
Por los corzos y por las ciervas del campo,
Que no despertéis ni hagáis velar al amor,
Hasta que quiera."** (Cantares de Salomón 2:2-7)

Al leer estos primeros siete versículos, descubrimos que Jesús y Su iglesia tenían algo maravilloso; estaban muy enamorados. ¡Hasta este punto, el creyente solo quiere hablar de lo maravilloso de su Amado! La Escritura continúa diciendo que la Sulamita (discípulo) dijo: "Estoy enferma de amor", las palabras "enferma de amor" aquí escritas significan estar sobrepasado (abrumado, vencido) de amor, que te hace débil.

La relación con nuestro Señor debería continuamente estar en este estado. Deberíamos cultivar siempre este tipo de amor en nuestro espíritu.

LA PRUEBA Y LAS AFLICCIONES EN LA CONTRUCCIÓN DEL CARÁCTER

Algunas veces nuestro amor por Jesús es probado severamente por situaciones que están más allá de nuestro control. Somos llevados al lugar de la desesperación y llamados a caminar por fe y no por vista.

A medida que nos aventuramos a "terminar" nos encontramos con la soledad, el aislamiento y nos rodean increíbles sentimientos de abandono. Donde las alabanzas una vez se escucharon al nombre de Jesús, ¡ya no se oyen más!

Donde la adoración era una actitud del corazón; ahora se ha convertido en nada más que en ecos y palabras sin sentido. ¿Has estado en esta situación? Estas aflicciones son muy difíciles (duras) ¡Que no sabes si podrás estar tan cerca de Jesús como un día lo estuviste!

> **LA SULAMITA**
> ¡La voz de mi amado! He aquí él viene
> saltando sobre los montes,
> Brincando sobre los collados. Mi amado es
> semejante al corzo,
> O al cervatillo. Helo aquí, está tras nuestra pared,
> Mirando por las ventanas, Atisbando por las
> celosías.
> Mi amado habló, y me dijo: Levántate,
> oh amiga mía, hermosa mía, y ven.
> Porque he aquí ha pasado el invierno, Se ha
> mudado, la lluvia se fue; Se han mostrado
> las flores en la tierra, El tiempo de la canción
> ha venido, Y en nuestro país se ha oído la voz de
> la tórtola. La higuera ha echado sus higos,
> Y las vides en cierne dieron olor; Levántate, oh

amiga mía, hermosa mía, y ven.
(Cantares de Salomón 2:8-13)

Después que la aflicción se termina, el Señor te invita a que estés con Él. Quiere abrazarnos y una vez más poner su mano debajo de nuestras cabezas. Ha venido a llevarnos a Su casa de banquetes.

Si descuidamos Su voz cuando Él nos llama a "venir", perderemos Su tiempo de intimidad con nosotros. Perderemos totalmente la unción de Dios sobre nosotros.

Debemos ser rápidos para oír y obedecerle a Él sin importar el costo.

LEVANTÁNDO SE EN POS DEL CORAZÓN DE DIOS

LA SULAMITA

"Por las noches busqué en mi lecho al que ama
mi alma; Lo busqué, y no lo hallé. Y dije:
Me levantaré ahora, y rodearé por la ciudad;
Por las calles y por las plazas buscaré al que
ama mi alma; Lo busqué, y no lo hallé.
Me hallaron los guardas que rondan la ciudad,
Y les dije: ¿Habéis visto al que ama mi alma?
Apenas hube pasado de ellos un poco,
Hallé luego al que ama mi alma; Lo así,

y no lo dejé, Hasta que lo metí en casa de mi madre, Y en la cámara de la que me dio a luz." (Cantares de Salomón 3:1-4)

El amor a Dios es cultivado por la atención que le demos al escuchar su llamado a la intimidad. No es al revés, venir, solo cuando estamos bien y preparados. Dios llamará nuestros corazones para que vengamos a conocerlo. Ya sea que obedezcamos o desobedezcamos podemos aprender algo sobre este asunto escuchando el Salmo de David: **"Mi corazón ha dicho de ti: Buscad mi rostro. Tu rostro buscaré, oh JEHOVA..."** (Salmos 27:8)

Iglesia, el primer amor del cual Jesús hablaba es una relación de un amor intimo por Dios. Las obras son buenas, pero la intimidad [el primer amor] ¡no será quemada en el fuego del juicio de Dios aquel día! "[... **la obra de cada uno se hará manifiesta; porque el día la declarará, pues por el fuego será revelada; y la obra de cada uno cuál sea, el fuego la probará. Si permaneciere la obra de alguno que sobreedificó, recibirá recompensa. Si la obra de alguno se quemare, él sufrirá pérdida, si bien él mismo será salvo, aunque, así como por fuego."** (1 Corintios 3:13-15)

Naveguemos en el corazón de Dios por medio de nuestro Jesús nuestro Señor. Arrepiéntete si necesitas arrepentirte, ven y sé limpio en el Señor, lávate en Su sangre. Reconoce tu necesidad de intimar con Él, y Él encontrará. Amén.

DESAFÍATE TÚ MISMO Y VE MÁS PROFUNDO CON JESÚS en el CAPÍTULO 15

1. ¿Te sientes "frío en el Señor?

2. Las obras son muy buenas, lo único que no son un sustituto de la relación íntima con Jesús y el Padre.

3. Asegúrate de que no solo estás haciendo buenas obras, por el bien de la obra. Asegúrate de que Jesús te esté guiando y respaldando en ellas.

4. El Señor te llamará y te dirá "ven" conmigo muchas veces; asegúrate de escucharlo y pronto obedecer a este importante llamado.

16

LA OBEDIENCIA ES ANTES QUE LA BENDICIÓN

"Vino luego a él palabra de Jehová, diciendo: Levántate, vete a Sarepta de Sidón, y mora allí; he aquí yo he dado orden allí a una mujer viuda que te sustente. Entonces él se levantó y se fue a Sarepta. Y cuando llegó a la puerta de la ciudad, he aquí una mujer viuda que estaba allí recogiendo leña; y él la llamó, y le dijo: Te ruego que me traigas un poco de agua en un vaso, para que beba. Y yendo ella para traérsela, él la volvió a llamar, y le dijo: Te ruego que me traigas también un bocado de pan en tu mano. Y ella respondió: Vive Jehová tu Dios, que no tengo pan cocido; solamente un puñado de harina tengo en la tinaja, y un poco de aceite en una vasija; y ahora recogía dos leños, para entrar y prepararlo para mí y para mi hijo, para que lo comamos, y nos dejemos morir. Elías le dijo: No tengas temor; ve, haz como has dicho; pero hazme a mí primero de ello una pequeña torta cocida debajo de la ceniza, y tráemela; y después harás para ti y para tu hijo. Porque JEHOVÁ DIOS de Israel ha dicho así: La harina de la tinaja no escaseará, ni el aceite de la vasija disminuirá, hasta el día en que Jehová haga llover sobre la faz de la tierra. Entonces ella fue e hizo como le dijo Elías; y comió él, y ella, y su casa, muchos días. Y la harina de la tinaja no escaseó, ni el aceite de la vasija

menguó, conforme a la palabra que Jehová había dicho por Elías. (1 Reyes 17:8-16)

Déjame introducirte a algo que creo que es una gran verdad, en la cual "los pocos" caminan. Esta verdad nos llevará a un camino que nos revelará lo que significa seguir a Jesús de una manera más profunda, una manera que nos hará depender totalmente de Su provisión y Su cuidado.

Muchos discípulos no están en este nivel en su caminar con Él, pero aprenderán rápidamente que al menos que Dios sea el que provee, toda fuente de bendición y me refiero a todo tipo de provisión en este mundo se secará.

Nota, que es como si Dios nos trajera a un lugar específico en donde aprendemos a caminar por fe. La fe es el único camino de Dios para poder entenderlo de una manera más completa.

El Señor nos llevará tiernamente a un lugar donde tendremos que tomar una decisión; o permanecemos en Él o nos hacemos cargo de nosotros mismos para llegar a nuestro objetivo.

Estas Escrituras aceleran nuestras mentes y el Espíritu Santo nos alumbrara para observar este caso tan impresionante.

LA VIUDA DE SEREPTA

Cuando leemos la historia anterior descubrimos que el Profeta Elías había sido enviado por Dios a Sarepta, la cual representaba un lugar de muerte, era una ciudad costera fenicia ubicada entre Tiro y Sidón, al norte de Jerusalén, donde encontraría a una viuda pobre que le proveería a él alimento. Es importante notar que Dios usó a un pobre para alimentar al pobre. Ahora Elías era rico en Dios y la viuda estaba por aprender cómo ser rica en Dios.

Dios estaba a punto de expresar desencadenar la lección más poderosa sobre cómo ser rico en Dios dada a la humanidad. Jesús hablo esto cuando enseñó a Sus discípulos a dar:

"También les refirió una parábola, diciendo: La heredad de un hombre rico había producido mucho. Y él pensaba dentro de sí, diciendo: ¿Qué haré, porque no tengo dónde guardar mis frutos? Y dijo: Esto haré: derribaré mis graneros, y los edificaré mayores, y allí guardaré todos mis frutos y mis bienes; y diré a mi alma: Alma, muchos bienes tienes guardados para muchos años; repósate, come, bebe, regocíjate. Pero Dios le dijo: Necio, esta noche vienen a pedirte tu alma; y lo que has provisto, ¿de quién será? Así es el que hace para sí tesoro, y no es rico para con Dios." (Lucas 12:16-21)

Debemos de reconocer a Dios en nuestra manera de dar. Siempre que el Señor se acerque a ti, es buen momento para que nos entreguemos completamente a Él. Esta es la ley en la economía de Dios.

¿POR QUÉ UNA VIUDA? ¡OH DIOS!

Me gustaría apartar por un momento la atención de Elías y centrarnos en la viuda pobre de Sarepta. Al leer las Escrituras, encontramos que la viuda estaba en una situación muy apretada porque la hambruna finalmente había tomado su peaje y ella y su hijo están a punto de morir.

Cuando la mujer está contemplando su destino, un profeta aparece en su casa y le pide agua. Ella no tenía ningún inconveniente en darle el vaso de agua. Recuerda, es Dios probando a la viuda, nosotros como creyentes representamos a la viuda.

El darle el vaso con agua al profeta no fue un desafío para ella. Rápidamente fue a traerle el vaso. El desafío y la lección de fe vinieron cuando Elías le habla y le dice: **"Y yendo ella para traérsela, él la volvió a llamar, y le dijo: Te ruego que me traigas también un bocado de pan en tu mano."** (1 Reyes 17:11)

Dios sabía que esta mujer estaba aferrada a algo que era muy preciado para ella. Ella estaba aferrada a su única esperanza en la vida- ¡la última comida!

Querido siervo, ¿Cuántas veces nos hemos aferrado a algo que sentíamos que era nuestra única esperanza para vivir? Y aunque el Señor nos lo ha pedido, nos negamos a dárselo. Y a pesar de que el Señor quiso revelarse fuertemente a nuestro favor, nunca experimentamos su poder- ¡porque no dejamos "la única cosa" ir!

"Y ella respondió: Vive Jehová tu Dios, que no tengo pan cocido; solamente un puñado de harina tengo en la tinaja, y un poco de aceite en una vasija; y ahora recogía dos leños, para entrar y prepararlo para mí y para mi hijo, para que lo comamos, y nos dejemos morir." (1 Reyes 17:12)

Cuando Dios viene y enciende una luz de búsqueda en nuestros corazones- en lugar de humillarnos ante Él, empezamos a decir excusas para no soltar "la única cosa". Y amigo, somos creativos cuando se trata de dejar algo.

BENDICIONES SIN CONDICIONES, NO SON LOS CAMINOS DE DIOS

En el mundo de la Iglesia de hoy, especialmente en nuestra cultura occidental, les hemos enseñado a los creyentes lo contrario. Les hemos enseñado a las personas que todo lo que necesitan hacer es venir y orar y todo estará bien después de eso.

Debemos recordar algo: ¡Nada sucede sin la mano de Dios moviéndose! Si nos encontramos en "un lugar apretado", recuerda, Dios te llevó ahí. La pregunta que no debemos dejar de mencionar es: Señor ¿Por qué me trajiste aquí?

Si hay rebeldía en mi corazón, Dios tratará con eso primero. ¿Por qué debo pedirle a Dios que me bendiga cuando hay desobediencia deliberada reinando en mi corazón? ¿Tiene sentido esto para ti? Debo estar alineado con la voluntad de Dios y después confiar en Él para su provisión.

JESÚS CONOCE NUESTROS CORAZONES

Cuando el Señor aparece a nosotros por medio de una revelación, Él tratará primero con el egoísmo. Rápidamente señalará las cosas que le están robando Su gloria, Él quitará las cosas que están obstaculizando el flujo de Su bendición.

Recuerda que Jesús nos despojará de todo lo que impida su Señoría en nuestras vidas. ¡Él quiere ser todo para nosotros todo el tiempo!

La viuda se aferraba a algo que Dios necesitaba en esa misma hora, pan para Su siervo. Dios estaba buscando obediencia en el corazón de la viuda...es cuando estamos más cerca de Dios que podemos entender este estilo de vida de sacrificios. Aparentemente, no tiene ningún sentido que Dios use la vida de una pobre y necesitaba viuda para llevar acabo Sus propósitos, siendo que ella estaba carente de substancia.

Estoy seguro de que había muchas personas ricas en los tiempos de Elías, los cuales Dios pudo haber usado para alimentar a su siervo. Sin embargo, ¡Él usó a una viuda pobre y necesitada!

¡No tiene lógica para una mente carnal! Una vez más los vasos más poderosos de Dios son los quebrados. Jesús dijo: **"Bienaventurados los pobres en espíritu, porque de ellos es el reino de los cielos."** (Mateo 5:3), la palabra pobre significa mendigar. Aquellos a los cuales Dios se está refiriendo son las personas quienes constantemente mendigan en su espíritu por más de Jesús. Estos comprenden las cosas celestiales y los misterios que pertenecen a la eternidad.

LA OBEDIENCIA CONTINUA ES LA LLAVE PARA LA PROVISIÓN DE DIOS

"Elías le dijo: No tengas temor; ve, haz como has dicho; pero hazme a mí primero de ello una pequeña torta cocida debajo de la ceniza, y tráemela; y después harás para ti y para tu hijo. Porque Jehová Dios de Israel ha dicho así: **La harina de la tinaja no escaseará, ni el aceite de la vasija disminuirá, hasta el día en que Jehová haga llover sobre la faz de la tierra. Entonces ella fue e hizo como le dijo Elías; y comió él, y ella, y su casa, muchos días. Y la harina de la tinaja no escaseó, ni el aceite de la vasija menguó, conforme a la palabra que Jehová había dicho por Elías."** (1 Reyes 17:13-16)

En el caso de esta viuda, Dios a través del profeta Elías la desafiaba a confiar en la palabra del Señor. La palabra clave que quiero señalar es la palabra primero. Elías le dijo: **"No tengas temor; ve, haz como has dicho; pero hazme a mí primero de ello una pequeña torta cocida debajo de la ceniza, y tráemela; y después harás para ti y para tu hijo."** La palabra primero aquí significa, primero, en lugar, tiempo o rango.

En otras palabras, el profeta Elías estaba diciendo, "Pon a Dios primero y luego tú. Deja que Dios crezca dentro de ti y no dejes que la carne te domine.

El profeta Elías le dijo a la viuda que si ella iba y obedecía Sus palabras **"La harina de la tinaja no escaseará, ni el aceite de la vasija disminuirá…"** ¿esto significa que nunca disminuiría? ¡No! Significaba que mientras Dios estuviera involucrado y mientras ella estuviera haciendo lo que Dios quería que hiciera- ¡nunca cesaría!

Lo mismo sucede cuando Dios nos llama a caminar con Él. ¡Él promete proveer con todo lo necesario para llevar a cabo Sus santos propósitos en la tierra!

Cuando caminamos en obediencia nos quitan toda la responsabilidad de hacer suceder cualquier cosa. No tenemos que mantener nada flotando- ¡Él lo hará!

Cuando Él nos llama hacer proezas imposibles, significa que junto con este llamado a la obediencia- la provisión de Dios no está lejos.

DESAFÍATE TÚ MISMO Y VE MÁS PROFUNDO CON JESÚS en el CAPÍTULO 16

1. ¿Sientes que últimamente Dios te está desafiando a caminar más profundo en fe y compromiso?

2. Dios siempre te pedirá aquella "única cosa" que más amas. ¿Estás listo para entregarle todo y confiar en Él con respecto a los resultados?

3. Dios conoce todas nuestras necesidades, pero Él necesita una excusa para bendecirte. Él podría pedirte que alimentes a los hambrientos antes de que derrame sus recursos a tu vida.

4. Siempre y cuando obedezcamos, nunca estaremos pobres. Toda sequedad es señal de que Dios no está presente ahí.

17

RECONOCIENDO LAS PUERTAS DE OPORTUNIDAD

"Estaba Eliseo enfermo de la enfermedad de que murió. Y descendió a él Joás rey de Israel, y llorando delante de él, dijo: ¡Padre mío, padre mío, carro de Israel y su gente de a caballo! Y le dijo Eliseo: Toma un arco y unas saetas. Tomó él entonces un arco y unas saetas. Luego dijo Eliseo al rey de Israel: Pon tu mano sobre el arco. Y puso él su mano sobre el arco. Entonces puso Eliseo sus manos sobre las manos del rey, y dijo: Abre la ventana que da al oriente. Y cuando él la abrió, dijo Eliseo: Tira. Y tirando él, dijo Eliseo: Saeta de salvación de Jehová, y saeta de salvación contra Siria; porque herirás a los sirios en Afec hasta consumirlos. Y le volvió a decir: Toma las saetas. Y luego que el rey de Israel las hubo tomado, le dijo: Golpea la tierra. Y él la golpeó tres veces, y se detuvo. Entonces el varón de Dios, enojado contra él, le dijo: Al dar cinco o seis golpes, hubieras derrotado a Siria hasta no quedar ninguno; pero ahora sólo tres veces derrotarás a Siria." (2 Reyes 13:14-19)

Este mensaje que el Señor quiere que observemos trata de como Dios está haciendo o abriendo impresionantes oportunidades para nuestra vida. Me refiero a ese Dios que nos abre puertas y ¡que si somos valientes veremos el fruto de nuestra obediencia!

"Los pocos" han llegado a conocer esta verdad única. Ellos no miran lo que otras personas están haciendo; no, ellos miran a Dios para recibir una dirección profética para sus vidas.

Gran parte de los lamentos y quejas que se escuchan de la boca de los creyentes no tiene nada que ver con la injusticia. Me atrevo a decir que la mayoría de las quejas tienen que ver con oportunidades "desaprovechadas" en sus vidas. En otras palabras, Dios abrió una puerta de oportunidad, pero no les gustó, ¡así que desobedecieron! Ahora están cosechando el fruto de su desobediencia.

En la historia mencionada anteriormente, Dios estaba a punto de hacer un trabajo impresionante. Él había acudido al Rey Joás, usando a su siervo Eliseo. Los ejércitos estaban "conspirando" contra el Rey Joás y el Rey llamó al hombre de Dios. Entonces Eliseo le dio al Rey instrucciones específicas que debía de seguir, lo que hizo hasta cierto punto. Esto es de lo que quiero resaltar; la obediencia a medias.

GOLPEA LA TIERRA

Eliseo el profeta específicamente le dijo al Rey que tomara las saetas y que golpeara la tierra con ellas. ¿Era algo difícil de hacer? ¡Probablemente no! El Rey hizo como Eliseo le mandó, pero él solo golpeó las saetas tres veces.

Él solo hizo lo que estaba en su propio corazón, ¡pero no hizo lo que estaba en el corazón de Dios! ¿Es esto un asunto serio? ¡Claro que lo es!

Si te das cuenta aquí, el profeta nunca le dijo cuántas veces golpeara las saetas en la tierra, él básicamente le dijo "golpea la tierra", cuando Dios nos manda hacer algo, no nos debemos de detener hasta que Él nos diga que hacer. Este debe ser un principio eterno para aquellos que verdaderamente siguen a Cristo, los pocos.

Muchas veces el Señor nos ordena a llevar a cabo algo en Su nombre y avanzamos mucho en ello y después retrocedemos. Llevamos el noventa por ciento (del trabajo) pero no más. Llegamos hasta el final de la prueba y antes de que Dios (pueda librarnos) nos diga que nos detengamos, ¡nos rendimos! Llegamos al punto de ser quebrantados y cuando empezamos a rompernos rápidamente alcanzamos más arcilla ¡y nos remendamos!

Jesús se enfrentó a esa misma prueba cuando pasó la noche en el Getsemaní. Fue un momento muy difícil. Dios había estado hablando con Jesús acerca de su futuro y lo que vendría sobre Él. Ninguno conocía la mente de Dios sino Cristo en ese momento en particular.

A medida que avanzó la noche y los discípulos "soñaban", los soldados llegaron a donde Jesús estaba buscando de Dios.

"Habiendo dicho Jesús estas cosas, salió con sus discípulos al otro lado del torrente de Cedrón, donde había un huerto, en el cual entró con sus discípulos. Y también Judas, el que le entregaba, conocía aquel lugar, porque muchas veces Jesús se había reunido allí con sus discípulos. Judas, pues, tomando una compañía de soldados, y alguaciles de los principales sacerdotes y de los fariseos, fue allí con linternas y antorchas, y con armas. Pero Jesús, sabiendo todas las cosas que le habían de sobrevenir, se adelantó y les dijo: ¿A quién buscáis? Le respondieron: A Jesús nazareno. Jesús les dijo: Yo soy. Y estaba también con ellos Judas, el que le entregaba. Cuando les dijo: Yo soy, retrocedieron, y cayeron a tierra. Volvió, pues, a preguntarles: ¿A quién buscáis? Y ellos dijeron: A Jesús nazareno. Jesús les dijo: Yo soy. Y estaba también con ellos Judas, el que le entregaba. Cuando les dijo: Yo soy, retrocedieron, y cayeron a tierra. Volvió, pues, a preguntarles: ¿A quién buscáis? Y ellos dijeron: A Jesús nazareno. Respondió Jesús: Os he dicho que yo soy; pues si me buscáis a mí, dejad ir a éstos; para que se cumpliese aquello que había dicho: De los que me diste, no perdí ninguno. Entonces Simón Pedro, que tenía una espada, la desenvainó, e hirió al siervo del sumo sacerdote, y le cortó la oreja derecha. Y el siervo se llamaba

Malco. Jesús entonces dijo a Pedro: Mete tu espada en la vaina; la copa que el Padre me ha dado, ¿no la he de beber?" (Juan 18:1-11)

Si tú notas Jesús no está "remendando" la grieta en la vasija, Él estaba siendo un vaso dispuesto a ser quebrantado por el amor de su Padre. No dejo de avanzar con el plan de Dios solo porque Él quería. Él estaba bajo órdenes (de marcha) superiores y así estaba el Rey Joás.

Debía continuar golpeando la tierra con esas saetas hasta que Eliseo le dijera que parara. ¿Estás entendiendo esto?

¿POR QUÉ ESTABA ENOJADO ELISEO?

"Y le volvió a decir: Toma las saetas. Y luego que el rey de Israel las hubo tomado, le dijo: Golpea la tierra. Y él la golpeó tres veces, y se detuvo. Entonces el varón de Dios, enojado contra él, le dijo: Al dar cinco o seis golpes, hubieras derrotado a Siria hasta no quedar ninguno; pero ahora sólo tres veces derrotarás a Siria."

Creo que nada decepciona más a Dios que la desobediencia de nuestra parte. El futuro del Rey sería estable si tan solo hubiera continuado hasta que le dijera que se detuviera. ¡Siria habría sido destruida! Pero ahora ellos solamente la vencerían tres veces y eventualmente Siria se recuperaría.

Golpear las saetas en el suelo tres veces no es una gran cosa para nosotros, pero lo que Eliseo vio fue la pasividad con que este Rey golpeó la tierra. ¡Este acto reveló el corazón del Rey! No estaba dispuesto a ir más allá de lo que su mente carnal pensaba que debía tener. En esencia, el Rey Joás dijo: "haré esto tres veces y si Dios quiere hacer el resto… ¡que así sea!"

Hay muchos creyentes que no reconocen las oportunidades que Dios les da. Dios abre una puerta para que tú seas de bendición a alguien más y tú solo haces lo mínimo. ¡Solo haces lo que se espera de ti! No hay un verdadero deseo de ser de bendición. Estas personas no son más que "tomadores" y un día aprenderán que con la medida que ellos miden a otros…será la misma medida que Dios usará con ellos. ¡Lo ves!

Creo que Dios quiere llevar a Su pueblo a un lugar donde nos despojemos de este espíritu "cuidadoso". Está bien querer ser cuidadosos con las cosas, pero es completamente diferente cuando somos cuidadosos con algo equivocado- incluso cuando se trata de bendecir alguna persona con una ofrenda de amor o una limosna.

He descubierto que cuando el Señor me dice que haga algo para Él, mientras me muevo en la obediencia de Su corazón, Dios me ha bendecido grandemente. Si ha sido cuestión de dar dinero, dar tiempo o incluso cuando llego a pasar un tiempo intercediendo por alguien.

Debemos de aprender a no detenernos solo porque sentimos que ya hemos hecho nuestra parte. Debemos perseverar hasta que la carga que Dios ha puesto en nuestros corazones cese y hasta que sepamos que hemos alcanzado lo que el Espíritu Santo ha deseado para nosotros.

Creo que más que Jesús esté enojando, es la decepción que invade Su corazón. Constantemente el Señor se enojará y tendrá que disciplinar nuestras acciones de apatía y egoísmo.

DEL ESPÍRITU A LA CARNE

"¿Tan necios sois? ¿Habiendo comenzado por el Espíritu, ahora vais a acabar por la carne?" (Gálatas 3:3)

Este asunto de ser obediente a Dios cuando nos dice que avancemos en lo que Él quiere es crucial, porque nuestro futuro y nuestro destino están involucrados. El Rey Joás empezó siendo obediente, pero después perdió el corazón en alguna parte de la batalla.

Los hermanos de Gálatas habían comenzado a seguir el verdadero evangelio- el evangelio que vino por el Espíritu y por la fe. Ellos estaban convencidos que este era el camino de Dios, pero después falsos maestros se apoderaron de ellos. Empezaron a enseñarles que ellos necesitaban guardar la Ley [carne]. Pablo viene y les dice: "¿tan necios [lo cual significa intelecto, mente o mente humana y sensación; sensual] sois?" Pablo en esencia está diciendo: ¿Cómo pueden dejar que el razonamiento humano derribe la dirección del Espíritu Santo en sus vidas?

Oh queridos siervos de Jesús, ¡necesitamos que Dios nos ayude a estar enfocados cuando se trata de obedecer! No comencemos a razonar en nuestras mentes lo que es de Dios y terminemos con una decisión "carnal". Esto podría realmente incapacitar nuestro futuro.

YENDO UNA MILLA EXTRA, ACTITUD DEL CORAZÓN

"Oísteis que fue dicho: Ojo por ojo, y diente por diente. Pero yo os digo: No resistáis al que es malo; antes, a cualquiera que te hiera en la mejilla derecha, vuélvele también la otra; y al que quiera ponerte a pleito y quitarte la túnica, déjale también la capa; y a cualquiera que te obligue a llevar carga por una milla, ve con él dos. Al que te pida, dale; y al que quiera tomar de ti prestado, no se lo rehúses." (Mateo 5:38-42)

La manera más segura de entrar en las promesas de Dios es si nosotros desarrollamos la actitud de "la milla extra". Este principio trata de cuando nos decimos a nosotros mismos, "Obedeceré a Dios hasta que Él me cambie o me detenga de hacer el último mandato que Él me dio, mientras tanto, ¡iré una milla extra!

Cuando una puerta de oportunidad se abre, mantén este principio en tu mente; si se abre una puerta antes de lo esperado (que tú la abrieras) no es porque tú la hayas abierto, Dios lo hizo. Entonces, ¿Cuál debe ser nuestra respuesta a esta puerta abierta? Caminar a través de ella hasta que Dios nos diga que nos detengamos.

DESAFÍATE TÚ MISMO Y VE MÁS PROFUNDO CON JESÚS en el CAPÍTULO 17

1. ¿Te has sentido como si has dejado pasar las oportunidades que Dios te ha dado?

2. Cuando escuchas las palaras "obediencia a medias" ¿Qué viene a tu mente?

3. ¿Alguna vez has hecho el 99% de la voluntad de Dios y has evitado el 1%? ¿Cómo supiste que no llegaste hasta el final del objetivo? (Medita en esto.)

4. Recuerda: Haz más de lo que se te pidió hacer o lo que se planeó hacer. ¡Esta es una de las claves para obtener una promoción en Dios!

5. ¿Estas practicando ir "la milla extra" estándar en tu vida diaria?

18

RENOVANDO NUESTRAS VIDAS EN EL ESPÍRITU SANTO

"No os embriaguéis con vino, en lo cual hay disolución; antes bien sed llenos del Espíritu..." (Efesios 5:18)

La amonestación de Pablo a la iglesia de Éfeso era que no se embriagaran de vino, sino que se llenaran con más de Jesús- ser llenos del Espíritu. La palabra lleno en griego significa ser (estar) repleto, e. i (literalmente) abarrotar (una red), elevar al más alto nivel.

Era la pasión ardiente de Pablo que cada creyente fuera lleno "hasta el borde" del Espíritu Santo. Era un clamor que Dios puso en su corazón para la iglesia de Cristo Jesús. Fue una fuerte convicción en el corazón del Apóstol que cualquier persona que invocara el nombre del Señor sería saciado de más de Jesús. Esto es lo que sucede con los que pertenecen a "los pocos".

Hay mucho que hablar del Espíritu Santo en nuestros círculos carismáticos y pentecostales. Muchas personas caminan diciendo que han sido llenas y que ahora están sirviendo en todos los dones del Espíritu. Muchos piensan que simplemente por hablar en lenguas están exentos de caminar rectamente delante de Dios.

Escuché una historia sobre un llamado hombre de Dios quien afirmaba que Dios le había ministrado poderosamente. Él estaba en Las Vegas, Nevada ministrando en una iglesia en el servicio de la tarde cuando saludó a la gente dijo que él había estado en el bar bebiendo cocteles y cuando estaba por tomar su tercer coctel, el Espíritu Santo vino a él y le dijo: "Dos cocteles son suficientes, no necesitas el tercero" a esto yo digo, '¡Que el verdadero Espíritu Santo se ponga de pie!'

El mismo nombre del Espíritu Santo nos dice quién es la tercera persona de la trinidad. Él es el Espíritu Santo, no el Espíritu no Santo. La palabra Santo significa ser separado ¡para Dios! Ser Santo significa que tú y yo ¡somos propiedad de Dios! No somos ni siquiera nuestros, fuimos comprados por precio de sangre.

"¿O ignoráis que vuestro cuerpo es templo del Espíritu Santo, el cual está en vosotros, el cual tenéis de Dios, y que no sois vuestros? Porque habéis sido comprados por precio; glorificad, pues, a Dios en vuestro cuerpo y en vuestro espíritu, los cuales son de Dios." (1 Corintios 6:19-20)

NUESTRAS VIDAS MANTENIDAS Y FORTALECIDAS POR EL ESPÍRITU SANTO

Cuando tú y yo vinimos a Jesús, fuimos nacidos de arriba, nacidos de Dios para mantenernos en Dios y para fortalecernos en Dios. Su Espíritu nos fue dado como un agente que nos traería a Cristo, nos enseñaría de Cristo y nos interpretaría a Cristo. El Espíritu Santo nos fue dado para mostrarnos los caminos de Dios, ¡Sus santos caminos!

La Escritura dice: "Pero cuando venga el Espíritu de verdad, él os guiará a toda la verdad; porque no hablará por su propia cuenta, sino que hablará todo lo que oyere, y os hará saber las cosas que habrán de venir. El me glorificará; porque tomará de lo mío, y os lo hará saber." (Juan 16:13-14)

En esta porción de la Escritura, Jesús les dice a sus discípulos que el Espíritu Santo les enseñará toda verdad. Era el mismo Espíritu Santo que debía de vivir en ellos y enseñarles a ellos las veinticuatro horas del día los siete días de la semana.

Tú te preguntarás por qué la "gran insistencia" en cuanto a ser renovados en el Espíritu Santo. Déjame decirte que si tú no te renuevas en el Espíritu Santo, tú sufrirás mucho o ¿debo decir gravemente?

Jesús dijo que el Espíritu Santo "guiaría" a los discípulos. La palabra "guiar" significa mostrar el camino; un maestro. Yo necesito renovarme en el Espíritu Santo porque simplemente ¡yo necesito que me muestren el camino!

El Espíritu Santo me mantendrá cerca del corazón de Jesús. Él no solo me guía, sino que también me revelará las cosas profundas de Dios. **"Antes bien, como está escrito: Cosas que ojo no vio, ni oído oyó, Ni han subido en corazón de hombre, Son las que Dios ha preparado para los que le aman. Pero Dios nos las reveló a nosotros por el Espíritu; porque el Espíritu todo lo escudriña, aun lo profundo de Dios."** (1 Corintios 2:9-10)

¿Cuáles son las cosas profundas de Dios? La palabra "profundo" en este versículo significa misterio. El Espíritu Santo nos revelará los "misterios" de Dios.

Otra cosa que sucede cuando somos renovados en el Espíritu Santo es este poder. **"...pero recibiréis poder, cuando haya venido sobre vosotros el Espíritu Santo, y me seréis testigos en Jerusalén, en toda Judea, en Samaria, y hasta lo último de la tierra."** (Hechos 1:8)
El Espíritu Santo nos dará poder para ser testigos de Jesús. Nos dará poder para declarar el consejo eterno de Dios para todos aquellos que oirán.

La razón por la cual muchas personas no son tocadas por Dios cuando lo conocen es porque no hay una manifestación de la presencia de Dios en sus vidas. Simplemente ¡no hay poder! No somos diferentes a las personas que solíamos ser ósea, ¿Cuál es la diferencia?

El Espíritu Santo viene a nuestras vidas y nos renueva con la misma pasión que Jesús tenía por los perdidos. Él nos hará gemir, llorar y sacrificarnos por los perdidos. El Espíritu Santo simplemente continuará llevando a cabo los deseos de Jesús a través de nosotros.

LA NECESIDAD DEL FUEGO SANTO

"Al ver él que muchos de los fariseos y de los saduceos venían a su bautismo, les decía: ¡Generación de víboras! ¿Quién os enseñó a huir de la ira venidera? Haced, pues, frutos dignos de arrepentimiento, y no penséis decir dentro de vosotros mismos: A Abraham tenemos por padre; porque yo os digo que Dios puede levantar hijos a Abraham aun de estas piedras. Y ya también el hacha está puesta a la raíz de los árboles; por tanto, todo árbol que no da buen fruto es cortado y echado en el fuego. Yo a la verdad os bautizo en agua para arrepentimiento; pero el que viene tras mí, cuyo calzado yo no soy digno de llevar, es más poderoso que yo; él os bautizará en Espíritu Santo y fuego. Su aventador está en su mano, y limpiará su era; y recogerá su trigo en el granero, y quemará la paja en fuego que nunca se apagará." (Mateo 3:7-12)

Otra cosa que el Espíritu Santo renovará en nosotros cuando vengamos en total humildad y aceptando la necesidad de Él, es el fuego de Su santidad. Él nos acercará a Él mismo y nos dará el deseo ardiente que nos hará decir, '¡Quiero estar más cerca de Dios!'

Los Fariseos y Saduceos querían ser partícipes de este bautizo que Juan estaba promoviendo en el río Jordán, pero cuando llegaron ahí, Juan estableció la ley, ¡tal y como era!

En esencia Juan estaba diciendo, "Ustedes pueden decir que son padres de Abraham y que tienen descendientes que caminan con Dios, pero ustedes no caminan con Dios, este bautizo es un símbolo para que todos vean que ustedes siguen a Dios, pero es realmente Dios quien depositará el fuego en sus corazones para hacerlos perfectos para Él." Juan continuó diciendo: **"Él os bautizará en Espíritu Santo y fuego."** El recibir o ser renovado en el Espíritu Santo significa que el fuego ha llegado a tu corazón para acabar con todo lo que no es de Dios.

¿POR QUÉ TODOS LOS QUEJIDOS EN EL REINO?

He escuchado a través de los años muchos creyentes e incluso ministros que dicen: "Estoy cansado de la iglesia" o "estoy cansado del campo misionero- ¡necesito algo fresco en mi vida!". Una vez escuché a un querido hermano decir que cuando las cosas se ponían difíciles para él "¡Dios me está poniendo en esta situación difícil! ¡Muchas ideas y la tontería se apoderan de nuestras mentes y de nuestro corazón cuando no nos renovamos en el Espíritu Santo!

Oí a otra persona decir, "Este tipo de predicación es demasiado básica para mí"; si te has encontrado en esta condición últimamente, déjame ayudarte tomando el enfoque de ser tu doctor espiritual.

Aquí está mi análisis de esto: Cuando te estás aburriendo con una "enseñanza básica", esto no es nada más que una señal externa de que has dejado ¡de oír con tus oídos espirituales! Ahora estás frío y sin vida en las cosas del Espíritu, ¿Por qué? ¡Porque no hay una vida de oración!

Si no hay una vida de oración departe de ti, entonces no habrá una renovación en el Espíritu Santo para ti.

HAY UNA CONTINIUDAD EN DIOS

Cuando alguien es nacido de nuevo, el Espíritu de Dios viene y habita en la persona. Él viene y hace su hogar en nuestros corazones. Este es el primer paso hacia la vida en el Espíritu. Aquí es donde tú y yo entenderemos el amor de Dios por nosotros y cuál grande es el anhelo de Dios de vivir en nosotros plenamente.

Después de haber caminado con el Señor, podemos experimentar la llenura del Espíritu Santo. Esta es una experiencia totalmente diferente y separada de la experiencia de nacer de nuevo. Nos llenamos de Dios y empezamos a caminar en esa cercanía impresionante a Cristo. Hasta este punto hay un conocimiento de Cristo en nosotros, del pecado en nosotros y de la santidad de Dios.

Casi al mismo tiempo, somos dotados con poder para ser testigos de Cristo a donde quiera que vayamos. No solo estamos buscando la santidad de Dios para nuestras vidas, sino simultáneamente contamos al mundo entero acerca de Jesús. Jesús dijo que seríamos vestidos con el poder de lo alto. ¿Estás vestido en el poder de Dios hoy?

Por último, pero no menos importante, Dios derramará una unción sobre el vaso. Si el vaso obedece a Dios, entonces el poder de Dios será manifestado a través de un vaso humano. El vaso sentirá la comisión del Señor de ir y hacer la voluntad de Dios. Esta unción vendrá sobre el vaso ¡cada vez que le obedezca a Dios y le sirva!

Al experimentar solo la salvación o la llenura, solo estamos experimentando un poco de Dios. Hay más unción. Hay mucho más en Dios si nosotros le buscamos con todo nuestro corazón. Dios nos atraerá hacia Él, antes de que Él comience cualquier obra nueva en nosotros. Nos dejará solos con Él y después nos revelará su plan para nuestro corazón.

No te aburras, no te canses o fatigues, no señor. Renuévate en el Espíritu Santo, este es el corazón de "los pocos"

DESAFÍATE TÚ MISMO Y VE MÁS PROFUNDO CON JESÚS en el CAPÍTULO 18

1. Cuando tú meditas en la tercera persona de la trinidad, el Espíritu Santo- ¿Cuáles son algunas de Sus características que vienen a tu mente?

2. ¿Has experimentado el poder de Dios en tu vida?

3. Los pocos son un tipo diferente de creyente- ellos no se esperan a que les digan que hacer, ellos disciernen los deseos del Padre y actúan de acuerdo a ellos.

4. ¿Le has rogado a Dios que te llene con su fuego santo? Si no lo has hecho, toma un tiempo para hacer esta oración: Padre, ¡bautízame con tu fuego! Ven y lléname con Tu santo fuego de amor y consúmeme. ¡Quebrántame, moldéame y lléname como un vaso listo para que me uses!

5. Si te encuentras aburrido, frío o confundido- es una señal segura de que necesitas ser r enovado en el Espíritu Santo.

19

LA IMPRESIONANTE FRAGANCIA DE JESÚS

He conocido bastantes creyentes que han tenido la impresión de que la vida cristiana no es nada más que una vida llena de bendición y felicidad. Además, ellos agregan que como ya Jesús pagó la deuda de nuestro pecado una vez por todas, no tenemos que sufrir más en esta vida.

Otros creyentes están tan atrapados con el mensaje de "la salud y la riqueza" que todo lo que es relacionado con llevar una cruz o vivir una vida de disciplina se toma automáticamente como un tipo o forma de legalismo.

Queridos fieles entendamos que cuando un hombre o una mujer se someten a Dios para ser usado por Él, deben caminar por el camino que Jesús caminó. Esta vida va desde el monte del Getsemaní hasta el largo y solitario camino de la cruz del Calvario (¡sin atajos!)

Las palabras, **"…muchos son llamados, y pocos escogidos…"** suenan fuerte y claro en mi espíritu.

VISIÓN Y QUEBRANTAMIENTO DE JACOB

"Apareció otra vez Dios a Jacob, cuando había vuelto de

Padan-aram, y le bendijo. Y le dijo Dios: Tu nombre es Jacob; no se llamará más tu nombre Jacob, sino Israel será tu nombre; y llamó su nombre Israel. También le dijo Dios: Yo soy el Dios omnipotente: crece y multiplícate; una nación y conjunto de naciones procederán de ti, y reyes saldrán de tus lomos. La tierra que he dado a Abraham y a Isaac, la daré a ti, y a tu descendencia después de ti daré la tierra. Y se fue de él Dios, del lugar en donde había hablado con él. Y Jacob erigió una señal en el lugar donde había hablado con él, una señal de piedra, y derramó sobre ella libación, y echó sobre ella aceite. Y llamó Jacob el nombre de aquel lugar donde Dios había hablado con él, Bet-el. Después partieron de Bet-el; y había aún como media legua de tierra para llegar a Efrata, cuando dio a luz Raquel, y hubo trabajo en su parto. Y aconteció, como había trabajo en su parto, que le dijo la partera: No temas, que también tendrás este hijo. Y aconteció que al salírsele el alma (pues murió), llamó su nombre Benoni; mas su padre lo llamó Benjamín. Así murió Raquel, y fue sepultada en el camino de Efrata, la cual es Belén. Y levantó Jacob un pilar sobre su sepultura; esta es la señal de la sepultura de Raquel hasta hoy."
(Génesis 35:9-20)

Abramos nuestros ojos y oídos espirituales y entendamos este suceso. Jacob llega a Padan-aram y Dios lo bendice. Su nombre es cambiado de Jacob a Israel. Esto tipifica el avance espiritual (la progresión) del creyente; el creyente ahora está avanzando hacia una madurez espiritual. Su carácter [de Jacob] está cambiando y ¡es algo maravilloso! ¡Dios le dice a Jacob que Él es el Dios todopoderoso!

Parece que antes de que cualquier transición (bendición) espiritual llegue a nuestras vidas por completo, Dios impone su Soberanía sobre el vaso que desea usar. Después de eso, Dios profetiza sobre Israel y declara: **"crece y multiplícate; una nación y conjunto de naciones procederán de ti, y reyes saldrán de tus lomos. La tierra que he dado a Abraham y a Isaac, la daré a ti, y a tu descendencia después de ti daré la tierra."** Estos fueron tiempos emocionantes para este hombre y su familia. Dios iba a usar a Jacob de una manera poderosa: **"…reyes saldrán de tus lomos."**

Mis amigos- nada es más prometedor que Dios diseñe el destino de nuestras vidas. Dios tiene una manera muy especial de trabajar en el destino y propósito de nuestras vidas. A todo esto, deberíamos gritar: "¡Amén Dios, Sigue profetizando! ¡Eres tan justo Señor! ¡Amén, amén, amén!

La Escritura continúa y menciona que Jacob se convirtió en un gran adorador y levantó un altar de adoración al Señor con todo su corazón. Él puso una señal en la tierra y le llamó Bet-el: **"Y Jacob erigió una señal en el lugar donde había hablado con él, una señal de piedra, y derramó sobre ella libación, y echó sobre ella aceite. Y llamó**

Jacob el nombre de aquel lugar donde Dios había hablado con él, Bet-el."

¿Cuántos han vivido el gozo de escuchar al Señor profetizar a tu corazón? ¿Cuántos han experimentado el sentimiento impresionante que viene cuando Dios está hablando contigo a través de la Palabra o a través de sueños proféticos y/o visiones? ¡Es algo maravilloso! Me puedo imaginar lo maravilloso que ha de haber sido la experiencia en la vida de Jacob, pero pronto todo iba a cambiar.

"Después partieron de Bet-el; y había aún como media legua de tierra para llegar a Efrata, cuando dio a luz Raquel, y hubo trabajo en su parto. Y aconteció, como había trabajo en su parto, que le dijo la partera: No temas, que también tendrás este hijo. Y aconteció que al salírsele el alma (pues murió), llamó su nombre Benoni; mas su padre lo llamó Benjamín. Así murió Raquel, y fue sepultada en el camino de Efrata, la cual es Belén."

Tan pronto como las maravillosas y profundas palabras de destino de parte del Señor habían llenado el corazón de Jacob, ¡la muerte llegó!

Cómo podríamos quejarnos ante el Señor y cuestionarle un millón de veces: "¿POR QUÉ SEÑOR?" o "¿POR QUÉ A MI?" "Después de todo, Dios, me diste una palabra, una palabra profética - esto no me puede estar pasando a mí-

¡no ahora!

Amado, el "proceso de la muerte" debe ocurrir como parte de la purificación de ese ¡sueño, visión o profecía! Cuando Dios te lleva a una nueva dimensión (conduce, guía- a una nueva dirección)- ¡la muerte de algo ocurrirá inmediatamente! Recuerda, Dios está cambiando nuestro curso, ¡sométete a Su liderazgo!

DEJA A UN LADO EL OBSTÁCULO

"Entonces vinieron a Jericó; y al salir de Jericó él y sus discípulos y una gran multitud, Bartimeo el ciego, hijo de Timeo, estaba sentado junto al camino mendigando. Y oyendo que era Jesús nazareno, comenzó a dar voces y a decir: Jesús, ¡Hijo de David, ten misericordia de mí! Y muchos le reprendían para que callase, pero él clamaba mucho más: ¡Hijo de David, ten misericordia de mí! Entonces Jesús, deteniéndose, mandó llamarle; y llamaron al ciego, diciéndole: Ten confianza; levántate, te llama. El entonces, arrojando su capa, se levantó y vino a Jesús." (Marcos 10:46-50)

Antes de que algo pudiera haber ocurrido en la vida del ciego Bartimeo, él tuvo que desechar su manto. Esta prenda representa nuestra dependencia a algo, esta prenda tiene que ser desechada.

¡No podemos conocer a Dios en nuestras propias condiciones! Deben de ser Sus condiciones y solo Sus condiciones. Para que Dios continuara con su plan con la vida de Jacob, Raquel tenía que morir. No iba a ser a la manera de Jacob; estaba determinado que era completamente a la manera de Dios. La visión de Dios solamente se puede lograr a la manera de Dios; debe de hacerse de una forma en la que solo Dios reciba la gloria.

UNA EXPERIENCIA CON DIOS NOS DEJA COMO RESULTADO SU FRAGANCIA

Después de que Dios ha prometido algo y ha hecho todo lo posible para tratar con Su vaso, Él entonces llenará ese vaso con Su fragancia.

La fragancia de Jesús es un aroma dulce a sacrificio vivo. La fragancia de la humildad, de la contrición y del quebrantamiento. Esto es lo que Dios busca, esto es lo que "los pocos" han llegado a conocer y a vivir. ¡Disfrútalo

DESAFÍATE TÚ MISMO Y VE MÁS PROFUNDO CON JESÚS en el CAPÍTULO 19

1. Es imposible seguir a Jesús viviendo en la carne. Uno debe entregarse totalmente para que ocurra una piadosa transformación.
¿Estás listo para morir a ti mismo y entrar en

Su vida?

2. Jacob tipifica un cristiano carnal antes de que su vida fuera realmente quebrantada. ¿alguna vez te han quebrantado tanto que has tomado conciencia de tu carnalidad y como ello obstaculiza el plan de Dios para ti?

3. Como seguidores de Jesús, todos tendemos a abrazar algo o a alguien. ¿te estás aferrando a algo que pueda ser un posible obstáculo en tu vida o en tu ministerio?

4. ¿Has sido lleno de la fragancia de Jesús?

20

EL REINO NO ES PARA
PERSONAS DE DOBLE ÁNIMO

"Respondió Jesús y le dijo: De cierto, de cierto te digo, que el que no naciere de nuevo, no puede ver el reino de Dios. Nicodemo le dijo: ¿Cómo puede un hombre nacer siendo viejo? ¿Puede acaso entrar por segunda vez en el vientre de su madre, y nacer? Respondió Jesús: De cierto, de cierto te digo, que el que no naciere de agua y del Espíritu, no puede entrar en el reino de Dios. Lo que es nacido de la carne, carne es; y lo que es nacido del Espíritu, espíritu es. No te maravilles de que te dije: Os es necesario nacer de nuevo. El viento sopla de donde quiere, y oyes su sonido; mas ni sabes de dónde viene, ni a dónde va; así es todo aquel que es nacido del Espíritu." (Juan 3:3-8)

Cuando Nicodemo vino a Jesús de noche, fue con un motivo especial en su corazón, Nicodemo estaba buscando respuestas específicas de Jesús. Él se había maravillado de las proezas de Jesús pues había oído hablar de los muchos milagros que habían sucedido en Su ministerio.

Nicodemo era un estudiante de la ley y maestro de la misma. Este hombre conocía a fondo las Escrituras del Antiguo Testamento. No hay duda en mi mente de que Nicodemo había estudiado las Escrituras una y otra vez a lo largo de su vida, sin embargo, este hombre estaba vacío de conocimiento.

Muchos estudian la Palabra, pero nunca llegan al conocimiento de la Verdad. La Verdad es un lugar espiritual donde tú entras, no algo que aprendes por medio del intelecto. Jesús fue al grano y le dijo a este maestro de la ley: **"De cierto, de cierto te digo, que el que no naciere de nuevo, no puede ver el reino de Dios."** Jesús estaba tratando de mostrarle a este hombre que los caminos de Dios eran totalmente diferentes a lo que le habían enseñado.

En esencia, Jesús le estaba diciendo a Nicodemo que al menos que él naciera de nuevo, con nuevos ojos, nueva mente, nuevo corazón, nueva revelación y nuevo entendimiento de la Palabra de Dios, 'el no sería capaz de ver (o tener la percepción) del Reino de Dios.

La razón por la cual muchos caen en el camino es porque ellos no pueden ver el reino de Dios; no tienen visión espiritual. No tienen el conjunto correcto de ojos apropiados si quiera para ver el reino de Dios, mucho menos para entenderlo.

Ahora, cuando un hombre viene a Jesús y le entrega su vida para seguirlo a donde quiera que vaya, este siervo inmediatamente entiende que ahora está bajo órdenes de marcha. Él se da cuenta de que el reino de Dios está dirigido por Jesucristo, ¡Él es nuestro Rey! El siervo de Dios además comprende que ahora él viene a estar bajo un nuevo gobierno con un nuevo conjunto de reglas que seguir, etc.

Aquellos que realmente son nacidos de nuevo no necesitan una explicación del por qué su vida se ha acercado a Dios, pues es por la sangre del Cordero que alcanzan salvación y ahora están dispuestos a servir a Jesús con todo su corazón - ¡todo el tiempo!

Aquellos que están en el reino de Dios también se percatan de que hay muchas decisiones que hacer y que afectarán su destino espiritual y natural.

En gran parte, es de suma importancia que cada seguidor de Jesús tenga un corazón completamente rendido y sumiso al Espíritu Santo todo el tiempo.

Él es Aquel que vive dentro del corazón del creyente y ha venido a darle toda la gloria a Jesús. Él nunca nos dejará a ti y a mí perdidos por mal camino.

LA CRUZ DE CRISTO SIGNIFICA QUE SALIMOS DE JESÚS

"Y el que no lleva su cruz y viene en pos de mí, no puede ser mi discípulo." (Lucas 14:27)

En palabras sencillas, Jesús nos revela todo el fundamento para una vida cristiana eficaz.

Él les dijo a sus discípulos que al menos que llevaran sus cruces y lo siguieran incondicionalmente, ellos no podrían ser sus discípulos.

No era que Jesús estaba haciendo las cosas difíciles para ellos, sino que Él estaba tratando de explicarles que al menos que cargaran sus cruces (esto tipifica el morir de la carne, el yo, el egoísmo, etc.) ellos tendrían las más grandes dificultades por tratar de vivir esta vida que viene de arriba.

¡No podemos vivir la vida cristiana según lo prescrito en la Escritura sin llevar nuestra cruz y seguir voluntariamente a Jesús!

El creyente necesita ser llenado y vuelto a llenar sobre una base diaria con el Espíritu Santo de Dios si él desea hacer una diferencia en su vida y quiere ser agradable a Dios.

¿HAN EXAMINADO ÚLTIMAMENTE TU CORAZÓN?

El Espíritu Santo tiene muchas maneras de descubrir lo que verdaderamente hay en nuestro corazón por ejemplo por medio de las cosas que nos rodean. Si tendemos a ser codiciosos, Él nos probará en el área de dinero- Él lo hará desaparecer todo.

Si tenemos tendencia a ser egoístas, Dios nos probará en el área de materialismo y el tiempo. Si tendemos a ser enojones o coléricos, Él nos probará quitándonos cosas que nos agradan mucho.

Si somos personas que tendemos a ser autosuficientes, Dios nos "parará" en medio del desierto y verá que hacemos después.

Usé todos estos ejemplos para mostrar la verdad de que Dios nos ama tanto y nos llevará a un lugar donde nuestros corazones puedan ser tentados. No para que Él lo vea, sino para que nosotros lo veamos, nos arrepintamos y hagamos los ajustes necesarios en nuestro carácter.

¿Por qué titulé este mensaje, El Reino No Es Para Personas De Doble Ánimo? Titulé este mensaje así porque la revelación que Dios me había dado es acerca de personas quienes no le dan a Jesús sus vidas completas. Le ofrecen a Jesús el 97%, pero se quedan con el 3% y se convencen de su buena acción diciendo: "Al menos le estoy dando algo"

En el reino de Dios, es ¡todo o nada! En el reino de Dios los de doble ánimo se engañaron a sí mismos por sus propias mentes y corazones. Pensamos que, porque ya le hemos entregado y rendido a Dios tres cuartos de nuestras vidas, le estamos haciendo un gran favor a Dios.

Escucha lo que Pablo dijo acerca de deslizarse un poco: **"Vosotros corríais bien; ¿quién os estorbó para no obedecer a la verdad? Esta persuasión no procede de aquel que os llama. Un poco de levadura leuda toda la masa."** (Gálatas 5:7-9)

Los creyentes de Gálatas habían permitido que algo de falsa enseñanza viniera en medio de ellos y ahora todos regresaban a sus antiguas formas religiosas.

Cada vez que hay una persona de doble ánimo entre nosotros, el compromiso se establecerá y el propósito de Dios para nosotros será robado. Muchos nunca entran en la bendición completa de Dios, por lo que te estoy compartiendo ahora mismo.

Aquí hay algunos ejemplos más con respecto a las personas de doble ánimo: **"Yendo ellos, uno le dijo en el camino: Señor, te seguiré adondequiera que vayas. Y le dijo Jesús: Las zorras tienen guaridas, y las aves de los cielos nidos; mas el Hijo del Hombre no tiene dónde recostar la cabeza. Y dijo a otro: Sígueme. Él le dijo: Señor, déjame que primero vaya y entierre a mi padre. Jesús le dijo: Deja que los muertos entierren a sus muertos; y tú ve, y**

anuncia el reino de Dios. Entonces también dijo otro: Te seguiré, Señor; pero déjame que me despida primero de los que están en mi casa. Y Jesús le dijo: Ninguno que poniendo su mano en el arado mira hacia atrás, es apto para el reino de Dios." (Lucas 9:57-62)

Cuando leo estos versículos, rápidamente comprendo que el reino de Dios no es para los de doble ánimo. Hoy en día hay muchos creyentes quienes siempre están hablando de seguir, pero eso es todo lo que siempre hacen- ¡solo hablar!

Estos creyentes se emocionan con Dios, pero la emoción solo llega dentro de las paredes de la iglesia, pero no más.

Otros quieren servir a Jesús a su propia conveniencia- ¡jamás sucederá! Jesús nunca usará un vaso como este. ¿Por qué? ¡No estás apto! La palabra apto que es usada aquí en Lucas 9:62 significa inadecuado (no cabe en el lugar), en otras palabras, ¡este vaso no ha hecho de Jesús su fundamento! ¡Sin ese fundamento Dios no te puede usar!

CARÁCTERÍSTICAS DE UN CREYENTE DE DOBLE ÁNIMO

Los creyentes de doble ánimo son caracterizados por muchas cosas. Déjame compartirte cuatro cosas las cuales Dios me ha permitido ver en mi vida a lo largo de mi caminar con Dios:

La primera característica es temor (miedo): las gentes de doble ánimo tienen la tendencia al miedo. El miedo está controlando a algunos creyentes, destruye la poca fe que tienen y los deja paralizados durante muchos años. Tienen mucho tiempo creyendo que Dios es más grande que todas sus pruebas, problemas, y (o) necesidades. Pero ¡no pueden ver más allá de su montaña de angustia! Aquellos que están atados por el miedo – solo pueden ver y desear. Nunca son capaces de cumplir el deseo de Dios que arde dentro de ellos a causa del temor, que los hace retroceder.

El miedo es un fruto de la carne y solo a través del ayuno y la oración se puede romper. Una vez que seamos libres, debemos ir y hacer esa cosa que hemos tenido miedo hacer por un largo tiempo. ¡Debemos hacerlo en el nombre de Jesús!

La segunda característica es la duda: las personas de doble ánimo constantemente dudan de que ellos mismos puedan hacer algo por Dios. El problema aquí es el orgullo- el enfoque en sí mismos para realizar algo. Cada milagro que Dios va a hacer a través de ti- ¡NO LO HACES TÚ! Esto también solo puede ser quebrado por medio de oración y ayuno. Una vez que le entregas tu corazón a Jesús con plena seguridad, permítele a Él llevarte dondequiera que Él desee…no dudes del Señor. ¡Él sabe exactamente dónde llevarte!

La tercera característica es culpa y vergüenza: las personas de doble ánimo tienen la tendencia de luchar con el pasado. Ellos luchan con la culpa y la vergüenza. Sienten que no son lo suficientemente buenos para Dios y por lo tanto viven con esta vergüenza durante años. ¡La manera en que esto puede romperse es entendiendo el hecho impresionante de que la sangre de Jesús es suficiente! Suficiente para borrar tu pasado- ¡no importa lo que hayas hecho! La sangre de Jesús es algo en lo que creemos, no algo que entendemos a fondo.

La cuarta característica es el compromiso: la gente de doble ánimo tiene la tendencia de comprometerse (solo) un poco. Parecen que se sienten un poco más inteligentes que Dios y por eso deciden debatir (cuestionar, intercambiar) temas con Él. Ellos quieren negociar con Dios acerca de los negocios del reino cuando están hablando con el Rey del reino.

En el pasaje Bíblico mencionado anteriormente, nos encontramos con ciertos seguidores "aspirantes (no deseados)" quienes nunca siguieron adelante porque no era cómodo. En los Estados Unidos, estamos siendo inundados con el espíritu de apatía. Las personas se sienten tan perezosas para con el Señor.

Cuando el pueblo se compromete, le están diciendo a Dios: "Ven Señor, danos un descanso, hemos sido fieles todo este tiempo, es tiempo de que nos des un descanso. La gente quiere seguir al Señor, ¡pero lo quieren hacer a su manera! ¿Qué le sucede a este pueblo? ¡Dios los tiene por perezosos! Nunca se escucha hablar de los nombres de estos discípulos mencionados en la Escritura. ¡Los únicos que escucharas son de los que realmente le obedecieron!

DESAFÍATE TÚ MISMO Y VE MÁS PROFUNDO CON JESÚS en el CAPÍTULO 20

1. ¿Has evaluado tu corazón recientemente en cuanto a tu compromiso con Jesús? ¿Todavía los sigues de cerca o has decidido seguirlo de lejos como muchos lo están haciendo?

2. ¿Estás caminando con corazón de doble ánimo ante el Señor? ¿Cómo determinas que no es así? Reflexiona sobre esto.

3. ¿Qué características has visto en tu propia vida que te calificarían como una persona de doble ánimo? Por favor haz una lista y ruega al Señor que te dé fuerza y poder para superarlas.

- _____

- _____

EL REINO NO ES PARA PERSONAS DE DOBLE ÁNIMO

- _____
- _____
- _____
- _____

21

LAS MARCAS DE UN VASO DISPUESTO

"Al sexto mes el ángel Gabriel fue enviado por Dios a una ciudad de Galilea, llamada Nazaret, a una virgen desposada con un varón que se llamaba José, de la casa de David; y el nombre de la virgen era María. Y entrando el ángel en donde ella estaba, dijo: ¡Salve, muy favorecida! El Señor es contigo; bendita tú entre las mujeres. Mas ella, cuando le vio, se turbó por sus palabras, y pensaba qué salutación sería esta. Entonces el ángel le dijo: María, no temas, porque has hallado gracia delante de Dios. Y ahora, concebirás en tu vientre, y darás a luz un hijo, y llamarás su nombre JESÚS. Este será grande, y será llamado Hijo del Altísimo; y el Señor Dios le dará el trono de David su padre; y reinará sobre la casa de Jacob para siempre, y su reino no tendrá fin. Entonces María dijo al ángel: ¿Cómo será esto? pues no conozco varón. Respondiendo el ángel, le dijo: El Espíritu Santo vendrá sobre ti, y el poder del Altísimo te cubrirá con su sombra; por lo cual también el Santo Ser que nacerá, será llamado Hijo de Dios." (Lucas 1:26-35)

Cuando pienso en el vaso que el Señor usó, inmediatamente pienso en disponibilidad, humildad y quebrantamiento. Las personas que son vasos del Señor son una clase muy especial que Dios ha ido construyendo a través del tiempo. Sus vidas han pasado por muchas pruebas y han salido como el oro. ¡Ahora Dios está listo para usarlos para Sus propósitos!

En la historia anteriormente mencionada encontramos a Dios moviéndose una vez más. Él está buscando algún vaso que este lo suficientemente quebrantado, que este suficientemente destrozado para que Él lo pueda llenar con Su gloria. Dios escogió una cuidad humilde en Galilea llamada Nazaret. Aquí hay una breve descripción de esta humilde ciudad: [NAZ ah ret] (Atalaya, torre de vigilancia) una ciudad pequeña de Galilea donde Jesús paso Sus años de niñez (Mateo 2:23).

Por siglos Nazaret ha sido una ciudad bellamente aislada establecida en las colinas más al sur de la sierra del Líbano. Situada en el territorio perteneciente a Zabulón, la cuidad debe haber sido de origen antiguo o de menor importancia. Nunca es mencionada en el Antiguo Testamento.

Sin embargo, Nazaret misma estaba situada en algo parecido a una cuenca, un valle alto de unos 366 metros (1,200 pies) sobre el nivel del mar con vista al valle de Esdraelon. Al norte y este estaban unas colinas empinadas, mientras que al oeste las colinas se elevaban a unos 488 metros (1, 600 pies). Nazaret, por lo tanto, estaba algo aislada o retirada del tráfico más cercano.

Este aparente aislamiento de Nazaret como una ciudad fronteriza en la zona sur de Zabulón contribuyó a la reputación de que Nazaret no era una parte importante en la vida nacional y religiosa de Israel.

Esto, junto con la mala reputación de la moral que tenían y la religión con cierta inmadurez en el dialecto o lenguaje Galileo, provocó que Natanael dijera cuando se enteró por primera vez de Jesús, lo siguiente: **"¿De Nazaret puede salir algo de bueno?"** (Juan 1:46)

Era obvio que esta ciudad pequeña de Galilea no era reconocida como alguna de las grandes ciudades; por lo tanto, las personas no estaban interesadas en su futuro y estoy seguro de que ningún inversionista iría a invertir todo su dinero ahí para construir tiendas y ¡mucho menos pensar que va como a un lugar comercial!

Nadie tenía esta pequeña ciudad en vista, ¡pero Dios sí! ¿No es la economía de Dios? ¿No es de Dios escoger las cosas más pequeñas para mostrarle al mundo entero que Él es el Único que da valor a todo?

En 1 de Corintios, encontramos esta poderosa visión de cómo Pablo trae a la luz esto cuando dijo: **"Pues mirad, hermanos, vuestra vocación, que no sois muchos sabios según la carne, ni muchos poderosos, ni muchos nobles; "sino que lo necio del mundo escogió Dios, para aver-**

gonzar a los sabios; y lo débil del mundo escogió Dios, para avergonzar a lo fuerte; y lo vil del mundo y lo menospreciado escogió Dios, y lo que no es, para deshacer lo que es, a fin de que nadie se jacte en su presencia." (1 Corintios 1:26-29)

Dios nunca ha estado buscando glamour, talento, habilidad o intelecto. La cuidad de Nazaret descubre esta verdad cuando Dios eligió a María como la persona para que el ángel Gabriel hiciera la más poderosa declaración de todos los siglos, cuando anunció: **"¡Salve, muy favorecida! El Señor es contigo; bendita tú entre las mujeres."**

MUY FAVORECIDA

Estoy asombrado de como el Señor ve algo bueno en nosotros antes de que nosotros mismos podamos verlo o cualquier persona lo pueda hacer.

Cuando Dios aprueba algo para su uso, Él se asegura de comunicárnoslo. María fue uno de esos vasos. Ella nunca vio el potencial de lo que ella podía ser hasta el que el ángel Gabriel hizo esta declaración: **"¡Salve, muy favorecida!"**

Veamos con más atención estas palabras: Las palabras muy favorecida significan agraciada, i. e. dotar con un honor especial; ser aceptada. En otras palabras, Dios le iba a dar un honor especial; Dios la iba a ser acepta. ¡Dios iba a proveer todo lo que era necesario para llevar a cabo Su visión y propósito en la tierra!

Todos ustedes que desean ser "los pocos" para Jesús – esta es la misma manera en que Dios te mira y te llena con Su gloria. Es entonces cuando Su gloria es vista a través de nosotros. Todo es obra Suya. ¡Todo lo que necesitamos es ofrecernos completamente y rendir nuestra voluntad a Él!

AVECES "LA PREOCUPACIÓN" SIGNIFICA TEMOR

Cuando el Señor quiere usarnos a ti y a mí, Él ya conoce nuestras limitaciones. En vista de esto, ¡Dios nos escoge porque sabe que necesitaremos la ayuda de Él para realizar esta gran obra que nos está pidiendo que llevemos a cabo!

El ángel Gabriel sabía exactamente lo que estaba pasando cuando él le dijo a ella que era bendecida por el Señor. La reacción de María fue la típica reacción de toda persona quien le está pidiendo al Señor que la use en alguna capacidad. Ella estaba preocupada. La palabra preocupación aquí, significa perturbado completamente.

Toda su vida comenzaba a estremecerse por la voz profética del Señor a su espíritu humano. ¿Qué significa esto? Significa que su perturbación ¡no era nada más que temor! Después de ver la reacción de María, el ángel le dice:

"María, no temas, porque has hallado gracia delante de Dios."

Dos cosas aparecen delante de nuestros ojos: temor y favor. El ángel le dice que no tema que el favor de Dios está sobre ella.

A menudo, no nos damos cuenta de que, si el Señor nos ha llamado a hacer algo para Él, junto con esta invitación viene su favor para llevar a cabo esta tarea.

En esencia el ángel estaba diciendo: "María, no necesitas estar atemorizada, ¡Dios ya ha mostrado su gracia hacia ti, y Él se encargará de todos los detalles! Amén.

LLAMARÁS SU NOMBRE JESÚS

Todo lo que viene del Espíritu es espíritu, y sigue su curso - la vida seguirá; todas las cosas que vienen de la carne seguirán siendo carne y su final será la muerte. El ángel le dijo a María que el Espíritu Santo ¡proveería todos los medios para que Jesús naciera!

Hay varias cosas que debemos comprender al estudiar el encuentro de María, una de ellas es que todo lo que nosotros producimos como creyentes debe ser iniciado por el Espíritu, cultivado en el Espíritu y nacido en el Espíritu.

¡El producto final será nada menos que JESÚS! ¡Las huellas dactilares del Espíritu Santo estarán por todas partes! Puedes distinguir siempre cuando algo no es del Señor simplemente observando el producto final. ¿Tiene a Jesús "escrito" por todos partes?

ESPERANDO POR UNA RESPUESTA

Las características de un vaso dispuesto no son muchas. De hecho, las características son escasas, pero sobre todo de naturaleza interna.

Dios estaba tan dispuesto a moverse a través de María. Todo lo que Dios necesitaba de María era la disposición de ser usada por el Creador. Dios estaba dispuesto a desatar los medios necesarios para llevar a cabo esta gran obra de dar a luz a Jesús. A pesar que Dios es Soberano y Poderoso en todo lo ancho de la palabra, Él estaba limitado a la decisión de María.

Dios quiere fluir a través de nosotros, pero necesitamos dejar que Él venga y cene con nosotros. Es en esta comida, en este tiempo de comunión, es en este momento íntimo que Dios muestra Su divina naturaleza y Su propósito para nuestros corazones.

"He aquí, yo estoy a la puerta y llamo; si alguno oye mi voz y abre la puerta, entraré a él, y cenaré con él, y él con-

migo." (Apocalipsis 3:20)

La historia estaba en suspenso hasta que esta decisión crucial fue hecha. Después de que María escuchó al ángel darle los detalles sobre cómo este milagro iba a ocurrir y de que él la tranquilizara diciéndole: **"porque nada hay imposible para Dios. Entonces María dijo: He aquí la sierva del Señor; hágase conmigo conforme a tu palabra. Y el ángel se fue de su presencia."** (Lucas 1:37-38)

Una vez que la respuesta es dada por Dios, ¡el cielo comienza a moverse! Tan pronto como decidimos seguirlo en obediencia el Señor respalda nuestra decisión mediante la realización de impresionantes señales y milagros a nuestro favor.

¿ESTÁS EMBARAZADO DE DIOS?

¿Seremos los portadores de Su propósito en la tierra? ¿Seremos las expresiones de Su naturaleza divina aquí en la tierra? ¿Le permitiremos a Él que impregne nuestros corazones con Jesús o con más de Jesús?

¿Entregaremos nuestros vientres espirituales para dar (a luz) nuevas declaraciones de Jesús el hijo de Dios en los últimos días?

Creo que el Espíritu Santo se está moviendo en los corazones de aquellos que escuchan.

Puede que sientas que no son como las "cosas correctas que hay que hacer" pero debemos dejar a un lado nuestros sentimientos y llevar a cabo la voluntad de Dios al máximo.

Que podamos ser hallados por el Señor –dispuestos.

DESAFÍATE TÚ MISMO Y VE MÁS PROFUNDO CON JESÚS en el CAPÍTULO 21

1. ¿Has considerado que Dios te está mirando con su favor y que Él deseausarte para hacer la diferencia en este mundo?

2. ¿Cuál es tu interpretación de 1 de Corintios 1:26-29? ¿Qué significa para ti (personalmente)?

3. ¡El temor solo permanece mientras la fe esté ausente! Una vez que empiezas a "caminar" en el plan de Dios- ¡el miedo se va!

4. ¿Te ha dado Dios un llamado específico que seguir (cumplir)? ¿se ha realizado? Si no, tal vez Dios todavía ¡Está esperando tu respuesta!

5. ¿Estás embarazado de Dios? ¿Hay una visión que Dios ha puesto dentro de tu vientre espiritual?

22

TRANSFORMADO EN OTRO HOMBRE

"Tomando entonces Samuel una redoma de aceite, la derramó sobre su cabeza, y lo besó, y le dijo: ¿No te ha ungido Jehová por príncipe sobre su pueblo Israel? Hoy, después que te hayas apartado de mí, hallarás dos hombres junto al sepulcro de Raquel, en el territorio de Benjamín, en Selsa, los cuales te dirán: Las asnas que habías ido a buscar se han hallado; tu padre ha dejado ya de inquietarse por las asnas, y está afligido por vosotros, diciendo: ¿Qué haré acerca de mi hijo? Y luego que de allí sigas más adelante, y llegues a la encina de Tabor, te saldrán al encuentro tres hombres que suben a Dios en Bet-el, llevando uno tres cabritos, otro tres tortas de pan, y el tercero una vasija de vino; los cuales, luego que te hayan saludado, te darán dos panes, los que tomarás de mano de ellos. Después de esto llegarás al collado de Dios donde está la guarnición de los filisteos; y cuando entres allá en la ciudad encontrarás una compañía de profetas que descienden del lugar alto, y delante de ellos salterio, pandero, flauta y arpa, y ellos profetizando. Entonces el Espíritu de Jehová vendrá sobre ti con poder, y profetizarás con ellos, y serás mudado [transformado] en otro hombre. Y cuando te hayan sucedido estas señales, haz lo que te viniere a la mano, porque Dios está contigo." (1 Samuel 10:1-7)

Transformado en otro hombre es un mensaje donde "los pocos" han llegado a entender que el toque de Dios sobre ellos es una consagración que deben de tener para ser útiles para Dios.

En el pasaje anterior, encontramos al Profeta Samuel en una misión de Dios- ungir al primer rey de Israel. **"Y un día antes que Saúl viniese, Jehová había revelado al oído de Samuel, diciendo: Mañana a esta misma hora yo enviaré a ti un varón de la tierra de Benjamín, al cual ungirás por príncipe sobre mi pueblo Israel, y salvará a mi pueblo de mano de los filisteos; porque yo he mirado a mi pueblo, por cuanto su clamor ha llegado hasta mí. Y luego que Samuel vio a Saúl, Jehová le dijo: He aquí éste es el varón del cual te hablé; éste gobernará a mi pueblo."** (1 Samuel 9:15-17)

Tan pronto como Saúl comenzó hablar al vidente, Dios empezó a profetizar a través de Él. Dios comienza a revelar instrucciones específicas para Saúl y Samuel le dice: **"Entonces el Espíritu de Jehová vendrá sobre ti con poder, y profetizarás con ellos, y serás mudado (transformado) en otro hombre."**

No cabe duda en mi mente de que cuando Dios llama al hombre a Su obra, ¡Dios prepara al siervo para la tarea que tiene por delante! Otra cosa que es evidente para el hombre que ha sido impactado por Dios es el hecho de que el soplo de Dios viene sobre él con poder y se siente cada vez que Él se rinde en devoción a Dios.

Ahora, es importante hacer un rápido estudio de la palabra transformado. Este hombre iba a convertirse en algo distinto a lo que era. Saúl iba a experimentar el toque de Dios que le permitiría y le capacitaría **"...para hacer lo que se estaba demandando en esa ocasión."**

La palabra transformado o mudado como es usada en 1 de Samuel 10:6 viene las palabras en el Hebreo original; raíz de primate; convertirse (dar la vuelta o más); por implicación, cambiar, revocar, regresar, pervertir.

En la versión King James es usado como convertirse, cambiar, ser cambiado, dar, hacer [una cama], derrocar, retirarse, voltear (de nuevo, de lado, atrás, al lado contrario, de todas formas).

Saúl estaba a punto de convertirse en un hombre totalmente diferente al que era. El Espíritu vendría sobre él y lo transformaría. Él vendría a ser un campeón de acuerdo a algunas traducciones. Dios lo tocaría con Su Espíritu Santo y Saúl vendría a convertirse en un campeón para Dios. ¡Gloria a Jesús por su impresionante unción sobre nosotros!

Por favor comprende que cuando Dios escoge a un vaso

para Él, Él hará grandes esfuerzos para prepararlo, pero no sin antes ungirlo.

TRANSFORMADO EN OTRO HOMBRE

Como seguidores de Jesús y siervos de Dios, los pocos entienden en cierta manera como funciona esto.

Dios nos escoge para propósitos específicos y nos unge para la tarea que tenemos por delante. No había manera de que Dios usara a Saúl, con sus viejos costumbres. ¡Dios necesitaba tocar a este hombre con Su Espíritu Santo y capacitarlo para pensar como Dios, caminar como Dios y conducirse como Dios!

La necesidad de ser llenados de Dios nunca ha sido tan grande como lo es en estos tiempos en los que vivimos.

Cuando hablamos de ser 'transformados en otro hombre' no solo estamos hablando de agradables y pequeños sentimientos y de piel de gallina. Cuando nos ocupamos de esta obra de Dios, estamos tratando con la mente, el corazón y el Espíritu.

Primero, tratemos con la mente. Nuestra mente es y continuará siendo el campo de batalla de nuestras vidas. Una mente no regenerada tiene el potencial de obstaculizar a Dios. Una mente que no ha sido entregada completamente al Señor causará grandes retrasos en cuanto a los propósitos de Dios, por no mencionar temores y dudas con respecto a Su voluntad.

El Apóstol Pablo le recuerda a la iglesia en Corinto acerca de la mente de Cristo: **"Lo cual también hablamos, no con palabras enseñadas por sabiduría humana, sino con las que enseña el Espíritu, acomodando lo espiritual a lo espiritual. Pero el hombre natural no percibe las cosas que son del Espíritu de Dios, porque para él son locura, y no las puede entender, porque se han de discernir espiritualmente. En cambio, el espiritual juzga todas las cosas; pero él no es juzgado de nadie. Porque ¿quién conoció la mente del Señor? ¿Quién le instruirá? Mas nosotros tenemos la mente de Cristo."** (1 Corintios 2:13-16)

La mente de Cristo ha sido dada para que podemos discernir las cosas que Dios está tratando de comunicarnos a nosotros que vivimos en la tierra. Él nos ha dejado la capacidad de navegar por la vida con confianza. Lo que necesitamos hoy es la mente de Cristo.

Segundo, Él ha hecho que nuestros corazones volteen alrededor. Nuestros corazones estaban tan entregados al egoísmo. Estaban poseídos por nuestros deseos carnales. No es de extrañarse porque Dios tiene que cambiar nuestros corazones. Escucha la profecía respecto a un nuevo corazón: **"Y yo os tomaré de las naciones, y os recogeré** de todas las tierras, y os traeré a vuestro país. Esparciré sobre vosotros agua limpia, y seréis limpiados de todas vuestras inmundicias; y de todos vuestros ídolos os limpiaré. Os daré corazón nuevo, y pondré espíritu nuevo dentro de vosotros; y quitaré de vuestra carne el corazón de piedra, y os daré un corazón de carne. Y pondré dentro de vosotros mi Espíritu, y haré que andéis en mis estatutos, y guardéis mis preceptos, y los pongáis por obra."** (Ezequiel 36: 24-27)

La necesidad de un nuevo corazón no solo es una buena idea, sino una gran necesidad si vamos hacer la voluntad del Señor.

Debemos estar dispuestos a que Dios tenga todo nuestro corazón- ¡debemos permitirle que nos posea totalmente!

En los Hechos de los Apóstoles, la Escritura escrita por Lucas muestra una gran revelación: **"Quitado éste, les levantó por rey a David, de quien dio también testimonio diciendo: He hallado a David hijo de Isaí, varón conforme a mi corazón, quien hará todo lo que yo quiero. De la descendencia de éste, y conforme a la promesa, Dios levantó a Jesús por Salvador a Israel."** (Hechos 13:22-23)

¡La Escritura dice que David había entendido el corazón de Dios! David había tomado la convicción de que Dios era todo para él. ¡Dios sabía que David era conforme a Su corazón! David sentía un anhelo por el corazón de Dios. ¡Se consumía en conocer las emociones de Dios!

¡Es imposible para el hombre tener una comprensión del corazón de Dios si el hombre no está dispuesto a ser quebrantado por Dios! Al menos que el hombre sea transformado en otro hombre (y esto no por su propia voluntad sino por el toque de Dios), él nunca aprenderá sobre el corazón de Dios.

¡El espíritu del hombre debe estar despierto y encendido para la gloria de Dios! Una de las cosas que deben pasar en el siervo del Señor es el tener un encuentro con la gloria de Dios. La gloria de Dios debe ser impregnada en el vaso antes de que Él lo pueda transformar en otro hombre.

Tener experiencias "causales" con Dios realmente no causan gran efecto. Es cuando la gloria de Dios se impregna en el hombre interior que podemos ser cautivados por Dios. Cada vez que Dios viene para ministrarnos con Su gloria es con la intención de cambiarnos. El impregnarnos de Su gloria solo puede suceder mediante nuestra obediencia inmediata a Su toque.

CÓMO SOMOS CAMBIADOS

Hemos comentado ampliamente la necesidad de ser "transformado en otro hombre" y como Saúl fue tocado por Dios. Veamos como el Apóstol Pablo no enseña como sucede el 'cambio de corazón': **"Con Cristo estoy juntamente crucificado, y ya no vivo yo, mas vive Cristo en mí; y lo que ahora vivo en la carne, lo vivo en la fe del Hijo de Dios, el cual me amó y se entregó a sí mismo por mí."** (Gálatas 2:20)

Si hemos de entrar en la plenitud del diseño de Dios para Su creación y esforzarnos para cumplir sus propósitos aquí en la tierra, debemos ser totalmente eliminados del escenario. Es imposible vivir para Dios si no crucificamos nuestra vieja naturaleza.

Jesús dijo: **"Si alguno viene a mí, y no aborrece a su padre, y madre, y mujer, e hijos, y hermanos, y hermanas, y aun también su propia vida, no puede ser mi discípulo. Y el que no lleva su cruz y viene en pos de mí, no puede ser mi discípulo."** (Lucas 14:26-27)

Nuestro maestro nos enseña que no podemos ser Sus discípulos sino llevamos la cruz. La cruz no es nada más y nada menos que nuestro lugar de muerte. Debemos vivir nuestras vidas muertos a nosotros mismos, de esa manera Cristo puede ser exaltado. ¡La única forma de seguirlo a Él es si nuestras vidas son anuladas!

La cruz se asegurará de que nuestras vidas estén muertas y terminadas y que la vida de Cristo esté activada en nosotros.

La única manera en que el cambio puede ocurrir, sí, la única forma de que seamos transformados en otro hombre, es por medio de la cruz.

¿POR QUÉ NECESITAMOS SER CAMBIADOS?

Necesitamos ser cambiados por el bien de la obra de Dios. A menos que seamos cambiados ¡No seremos capaces de hacerlo a la manera de Dios! La obra de Dios es una cuestión muy delicada que solo aquellos que son 'transformados en otro hombre' pueden realmente llevarla a cabo.

Tratar de vivir la vida cristiana o incluso tratar de realizar la obra de Dios en la carne es una completa preparación para el fracaso y la desaprobación. Dios tiene anhelos y deseos para Su creación; incluso tiene mucho para compartir con ellos. La única forma en que podemos estar en sintonía con Dios es transformándonos en otro hombre.

DESAFÍATE TÚ MISMO Y VE MÁS PROFUNDO CON JESÚS en el CAPÍTULO 22

1. ¿Has escuchado el clamor del Señor por el deseo ardiente de que vayas en pos de Su nombre?

2. ¿Has experimentado la unción de Dios en tu llamado?

3. Cuando reflexionas en ser "cambiado a otro hombre", ¿Cuál es la primera cosa que viene a tu mente?

4. Pablo dijo en Gálatas 2:20 que él había sido crucificado juntamente con Cristo… ¿has sido crucificado juntamente con Cristo?

23

LA INCREDULIDAD, EL MAYOR OBSTÁCULO DE DIOS - *PARTE 1*

"Aconteció que cuando terminó Jesús estas parábolas, se fue de allí. Y venido a su tierra, les enseñaba en la sinagoga de ellos, de tal manera que se maravillaban, y decían: ¿De dónde tiene éste esta sabiduría y estos milagros? ¿No es éste el hijo del carpintero? ¿No se llama su madre María, y sus hermanos, Jacobo, José, Simón y Judas? ¿No están todas sus hermanas con nosotros? ¿De dónde, pues, tiene éste todas estas cosas? Y se escandalizaban de él. Pero Jesús les dijo: No hay profeta sin honra, sino en su propia tierra y en su casa. Y no hizo allí muchos milagros, a causa de la incredulidad de ellos."
(Mateo 13:53-58)

No hace mucho tiempo me encontré con una frase que impactó mi alma de una manera muy profunda. La frase fue escrita por un hombre de Dios llamado Leonard Ravenhill. La frase dice así: "La oportunidad de toda una vida debe ser aprovechada dentro de la vida de la oportunidad". ¿Qué significa esto? Significa que hay ventanas y puertas "espirituales" de oportunidades que se abren durante nuestra vida.

Como interpretamos las oportunidades que pueden traer

poderosos resultados en nuestras vidas, ¡ya sea para bien o para mal! Creo que esas puertas y ventanas se presentan cada vez que Dios se está preparando para empezar una nueva "temporada" o un nuevo "capítulo" en nuestro camino espiritual.

UNA VENTANA DE OPORTUNIDAD SE ABRIÓ EN NAZARET

El pasaje Bíblico que usé como nuestro texto base describirá gran parte de la revelación que Dios desea para "los pocos".

Después de que Jesús hubo enseñado muchas parábolas a las multitudes se apartó de ellos y vino a Su tierra y les enseñó en su sinagoga.

El Señor, quien es grande en misericordia se presentó en su propia tierra para traer revelación a aquellos que estaban espiritualmente muertos e indiferentes.

El Señor empezó a revelarse como un maestro y fue de una manera tan poderosa que el pueblo estaba asombrado de Su enseñanza y sabiduría, "… les enseñaba en la sinagoga de ellos, de tal manera que se maravillaban, y decían: ¿De dónde tiene éste esta sabiduría y estos milagros?"

Jesús no solamente se estaba moviendo en sabiduría, sino

que milagros también estaban aconteciendo. No es de extrañar que el pueblo se asombrara de ello.

Veamos con atención la palabra asombrados. La palabra asombrar en Griego es ekplesso lo que significa golpear con asombro. La versión King James lo define como asombro. Las personas estaban asombradas de Jesús y de los milagros poderosos que Él estaba realizado. ¿Te imaginas la emoción que sentían los que estaban presentes?

Me pregunto ¿Cuántos de aquellos que estuvieron presentes recuerdan cada palabra de ese sermón en ese día en particular, o cuántos en aquel día se rindieron a Jesús para seguirlo con devoción de todo corazón?

Queridos miembros de "los pocos", una ventana de oportunidad ya se ha abierto para todos aquellos que estaban presentes, una ventana que garantizó sabiduría, poder y una vida eterna en Dios. Es una ventana de oportunidad que haría que muchos de ellos saltaran sobre la loma de religiosidad y ritualismo. Es una ventana de oportunidad que llevaba mucho propósito y destino.

¡Oh, siervo de Dios! Dios estaba ahí y Su poder estaba disponible e incluso la emoción humana estaba presente para lograr esa conexión o más posible aún, pasar por esta ventana, pero lamentablemente solo pocos fueron transformados.

Lo mismo ocurre en las iglesias de hoy en todo el mundo: la música se mueve al ritmo del Espíritu Santo, si al ritmo del latir del cielo, Jesús manifiesta Su presencia, lenguas, interpretaciones y profecías comienzan a fluir en medio de la congregación ¡pero nada cambia!

Oh ¡que impactante! Nos asombramos una y otra vez, nuestras mentes están convencidas y nuestras emociones también, ¡pero nuestros corazones están sentados en una tumba de incredulidad!

Salimos del templo con solo palabras de lo maravilloso que estuvo el servicio; pero no somos cambiados. ¿No es triste esto? ¿No es esto causa de dolor al Espíritu Santo? Extremadamente, todo está ahí; pero interiormente, perdemos lo que Dios está tratando de decir.

LA INCREDULIDAD ES EL HEDOR DE LA CARNE

Tan pronto como la fe comienza a aparecer en la vida de estos oyentes de la Sinagoga Nazarena (tan pronto como Jesús hablo e hizo poderosos milagros) la carne metió su fea cabeza y ¡comenzó a dudar de Jesús! ¿No hacen lo mismo la mayoría de los creyentes? Mucho movimiento espiritual; pero ninguna respuesta espiritual que lo respalde.

Uno tiene que preguntarse por qué es que, con toda la predicación piadosa, las muchas biblias, comentarios, cintas, CD's, etc., nos encontramos impotentes cuando se trata de impactar a la sociedad.

Nuestras iglesias están llenas de comprometedores que no llevaran una cruz y fácilmente se sentirán ofendidos cuando el predicador les diga "transfórmate o quémate." Las personas vienen a Dios y se "asombran"; pero no disponen sus vidas a creer en Su palabra. ¡Ponen sus vidas por encima de la vida de Cristo!

Este tipo de creyentes están cargando un espíritu anti-Cristo en sus corazones.

"Nadie os engañe en ninguna manera; porque no vendrá sin que antes venga la apostasía, y se manifieste el hombre de pecado, el hijo de perdición, el cual se opone y se levanta contra todo lo que se llama Dios o es objeto de culto; tanto que se sienta en el templo de Dios como Dios, haciéndose pasar por Dios." (2 Tesalonicenses 2:3-4)

Tan pronto como se produjo el asombro, la incredulidad llegó. Por eso es que estoy tan desilusionado de la emoción y del asombro carnal. Esos tipos de emociones necesitan ser monitoreadas y mantenidas bajo control por nuestro espíritu.

Por favor comprende, que tan pronto la "sensación de

felicidad" se estableció, ellos comenzaron a cuestionarse en sus corazones, escucha el tipo de preguntas que se hicieron a ellos mismos: "**¿No es éste el hijo del carpintero? ¿No se llama su madre María, y sus hermanos, Jacobo, José, Simón y Judas? ¿No están todas sus hermanas con nosotros? ¿De dónde, pues, tiene éste todas estas cosas? Y se escandalizaban de él"**

La carne tiene muchas características cuando se trata de rebelarse a la obra del Señor. Se manifiesta en varias formas, pero nada es más perverso que tratar de hacer o ver a Jesucristo igual que nosotros ¡Como pura descendencia humana!

Aunque Jesús era cien por ciento Dios y cien por ciento hombre, Él nació de arriba, Él fue concebido por el Espíritu Santo, ninguna carne fue incluida en Su concepción. **"Entonces el ángel le dijo: María, no temas, porque has hallado gracia delante de Dios. Y ahora, concebirás en tu vientre, y darás a luz un hijo, y llamarás su nombre JESÚS. Este será grande, y será llamado Hijo del Altísimo; y el Señor Dios le dará el trono de David su padre; y reinará sobre la casa de Jacob para siempre, y su reino no tendrá fin. Entonces María dijo al ángel: ¿Cómo será esto? pues no conozco varón. Respondiendo el ángel, le dijo: El Espíritu Santo vendrá sobre ti, y el poder del Altísimo te cubrirá con su sombra; por lo cual también el Santo Ser que nacerá, será llamado Hijo de Dios."** (Lucas

1:30-35)

¡La carne odia a Jesús! ¡Odia obedecer a Jesús! Es por eso que aquellos que primero estaban asombrados por Sus palabras fueron rápidamente influenciados por su intelecto [la carne] y comenzaron a pensar en Jesús como alguien terrenal. "¿No es éste el hijo del carpintero? ¿No se llama su madre María, y sus hermanos, Jacobo, José, Simón y Judas? ¿No están todas sus hermanas con nosotros?"

Esta es la manera en que muchos creyentes pierden el privilegio de entrar y pasar por esta "ventana de oportunidad", escuchan acerca de lo que Dios puede hacer e incluso ven lo que Jesús puede hacer por ellos, pero rápidamente dudan y sus corazones son llenados de incredulidad y pierden la riqueza que Cristo puede traer a sus vidas.

LA INCREDULIDAD ROBARÁ A LOS CREYENTES SU PROPÓSITO Y DESTINO

"Pero Jesús les dijo: No hay profeta sin honra, sino en su propia tierra y en su casa. Y no hizo allí muchos milagros, a causa de la incredulidad de ellos." Después de que el servicio se terminó, Jesús se fue con poco éxito de ahí, pues a pesar de que las personas estaban asombradas y decían amén a cada palabra que Él decía, nunca se apropiaron de Sus palabras en sus corazones. ¡La incredulidad los venció y los resultados fueron tristes, ¡muy tristes!

La Escritura continúa y dice: **"...Y no hizo allí muchos milagros, a causa de la incredulidad de ellos."** ¿Ves esto? La incredulidad en el corazón mantendrá a cualquiera fuera del plan y el propósito de Dios, sin mencionar su destino.

¿Qué es la incredulidad? La palabra original en Griego es apaistia, infidelidad (deslealtad). Significa que la gente que estaba asombrada en sus emociones, pero en sus corazones ellos desacreditaban todo lo que Jesús hacía o decía. Estaban en un estado de infidelidad, en otras palabras, estaban sin fe.

LA HUMILDAD ES LA PLATAFORMA DONDE SE ENCUENTRA LA FE

La fe viene a través de la humildad y el reconociendo de que Dios es todo y que debe ser todo.

Cuando un hombre cree en Jesús, inmediatamente reconoce que no puede vivir más esta vida con su propio poder o por sus propias emociones...entonces ¿Qué hace? El hombre debe humillarse y rogarle a Dios que lo ayude a vivir esta vida.

Aquí está un pasaje bíblico que muestra esto: **"Cuando llegó a donde estaban los discípulos, vio una gran mul-**

titud alrededor de ellos, y escribas que disputaban con ellos. Y en seguida toda la gente, viéndole, se asombró, y corriendo a él, le saludaron. Él les preguntó: ¿Qué disputáis con ellos? Y respondiendo uno de la multitud, dijo: Maestro, traje a ti mi hijo, que tiene un espíritu mudo, el cual, dondequiera que le toma, le sacude; y echa espumarajos, y cruje los dientes, y se va secando; y dije a tus discípulos que lo echasen fuera, y no pudieron. Y respondiendo él, les dijo: ¡Oh generación incrédula! ¿Hasta cuándo he de estar con vosotros? ¿Hasta cuándo os he de soportar? Traédmelo. Y se lo trajeron; y cuando el espíritu vio a Jesús, sacudió con violencia al muchacho, quien cayendo en tierra se revolcaba, echando espumarajos. Jesús preguntó al padre: ¿Cuánto tiempo hace que le sucede esto? Y él dijo: Desde niño. Y muchas veces le echa en el fuego y en el agua, para matarle; pero si puedes hacer algo, ten misericordia de nosotros, y ayúdanos. Jesús le dijo: Si puedes creer, al que cree todo le es posible." (Marcos 9:14-23)

Por favor comprende que una persona solo puede recibir fe cuando él o ella humilla su corazón ante el Rey de Reyes. El secreto de los hombres y mujeres de Dios que conquistan multitudes para Jesús se encuentra en el secreto de ¡las cámaras de la humildad! Fue hasta que entendieron que Jesús estaba a cargo de sus vidas que comenzaron a ser usados para la gloria de Dios.

Recuerda, se trata de que Jesús reciba toda la gloria; y cuando un vaso humano comienza a brillar, no es por causa de su carne sino porque la gloria de Jehová lo ha llenado.

DESAFÍATE TÚ MISMO Y VE MÁS PROFUNDO CON JESÚS en el CAPÍTULO 23

1. Medita en esto:
    - ¿Alguna vez has sentido que perdiste valiosas oportunidades en tu caminar con el Señor?

    - ¿Recuerdas la razón por la cual no las aprovechaste?

    - ¿Qué aprendiste de no aprovechar la oportunidad?

    - ¿Has tenido otra oportunidad de compensar la otra que dejaste ir?

24

LA INCREDULIDAD, EL MAYOR OBSTÁCULO DE DIOS - *PARTE 2*

"Si oyereis hoy su voz, No endurezcáis vuestro corazón, como en Meriba, Como en el día de Masah en el desierto, Donde me tentaron vuestros padres, Me probaron, y vieron mis obras. Cuarenta años estuve disgustado con la nación, Y dije: Pueblo es que divaga de corazón, Y no han conocido mis caminos. Por tanto, juré en mi furor Que no entrarían en mi reposo." (Salmos 95:7-11)

"Mirad, hermanos, que no haya en ninguno de vosotros corazón malo de incredulidad para apartarse del Dios vivo; antes exhortaos los unos a los otros cada día, entre tanto que se dice: Hoy; para que ninguno de vosotros se endurezca por el engaño del pecado. Porque somos hechos participantes de Cristo, con tal que retengamos firme hasta el fin nuestra confianza del principio, entre tanto que se dice: Si oyereis hoy su voz, No endurezcáis vuestros corazones, como en la provocación. ¿Quiénes fueron los que, habiendo oído, le provocaron? ¿No fueron todos los que salieron de Egipto por mano de Moisés? ¿Y con quiénes estuvo él disgustado cuarenta años? ¿No fue con los que pecaron, cuyos cuerpos cayeron en el desierto? ¿Y a quiénes juró que no entrarían en su reposo, sino a aquellos que desobedecieron? Y vemos que no pudieron entrar a causa de incredulidad." (Hebreos 3:12-19)

Esta vez quiero empezar diciendo que la incredulidad ha sido el mayor obstáculo en el corazón humano. ¡La incredulidad es un pecado de la carne! La incredulidad desafía a Dios y hace de Su palabra una burla. Las personas que hoy caminan en incredulidad se burlan de Dios y de Su Palabra.

Cuando la incredulidad se presenta, Dios no se manifiesta ahí. Si Jesús llega, la incredulidad se tiene que ir. No pueden estar los dos operando en el corazón humano. Debemos aprender a someternos a la voz de Dios y a Su santa Palabra.

Para caminar en la esfera más alta del compromiso con Dios, la incredulidad debe ser erradicada de tu corazón. La fe debe ser la única economía del siervo de Dios.

NUESTRO HACEDOR

"Venid, adoremos y postrémonos; Arrodillémonos delante de Jehová nuestro Hacedor. Porque él es nuestro Dios; Nosotros el pueblo de su prado, y ovejas de su mano. **Si oyereis hoy su voz**" (Salmos 95:6-7)

Si vamos a llegar a ser personas de fe, debemos de tener

muy claro en nuestros corazones que Dios tiene control de nuestras vidas. No somos nosotros los dueños. Nos compró a un precio y ahora le pertenecemos.

Una persona que camina en fe cree que Dios es quien Él dice que es. Si el Señor confrontará a uno de nosotros, ¿estaríamos dispuestos a decirle, "Creo en Ti de todo corazón y todo lo que me dices es para mí"?

El Señor es nuestro Hacedor; Él nos conoce mejor que nosotros mismos. Él entiende nuestros temores, dudas y nuestras luchas. Él sabe que, si tomamos la decisión correcta de seguir Su Palabra, Él respaldará nuestra decisión. Si nosotros como creyentes continuamos siendo guiados por nuestras mentes es más que probable que le desobedeceremos y perderemos lo mejor que Dios tiene para nosotros.

Muchos creyentes hoy en día viven de los "bocados del ayer". Caminamos con el Señor en una maravillosa experiencia del ayer, pero no hemos recibido ninguna revelación nueva últimamente debido a nuestra desobediencia. No hemos subido ni una pulgada con Dios porque ya no nos está proveyendo pan fresco del cielo.

Es el deseo de Dios que lo obedezcamos para que Él pueda continuar "formándonos o moldeándonos" a Su semejanza. Recuerda Él es nuestro Hacedor.

ESCUCHAR SU VOZ LLEVA RESPONSABILIDAD

Cada vez que el Señor nos habla de una manera personal, lo hace para que se pueda producir un cambio en nosotros. Si el Señor nos dijo algo, ¡Somos responsables de llevarlo a cabo! Si no llevamos a cabo Su palabra, desobedeceremos y no seremos cambiados; por lo tanto, habrá falta de madurez en nuestras vidas. ¿Cuántos se identifican con esto?

Los hijos de Israel fueron probados en el desierto para poder ser transformados. El plan de Dios era hacer de su pueblo un pueblo de fe. Haciendo esto, Él podría guiarlos a través del desierto y conducirlos a través del río Jordán a la tierra que fluye leche y miel.

Obviamente, los hijos de Israel estaban ansiosos de obtener la Tierra Prometida, pero no querían saber nada sobre obediencia. Esto suena como muchos creyentes de hoy: quieren religión, pero no quieren rendirle cuentas a Dios, quieren la salvación, pero sin cruz, quieren la institución, pero sin ataduras, quieren las bendiciones de Dios, pero sin condiciones.

El pasaje bíblico, tal y como está en el Salmo, confirma una consecuencia aterradora encabezada por la incredulidad. Escucha la amonestación del Espíritu Santo: **"Porque él es nuestro Dios; Nosotros el pueblo de su prado, y ovejas de su mano. Si oyereis hoy su voz, No endurezcáis vues-**

tro corazón, como en Meriba, Como en el día de Masah en el desierto, donde me tentaron vuestros padres, Me probaron, y vieron mis obras. Cuarenta años estuve disgustado con la nación, Y dije: Pueblo es que divaga de corazón, Y no han conocido mis caminos. Por tanto, juré en mi furor Que no entrarían en mi reposo."

El Espíritu Santo hace que esta palabra se pueda aplicar en el presente y no tan solo en el pasado. Él está diciendo si "Hoy", escuchamos Su voz no debemos endurecer nuestros corazones como hicieron nuestros antepasados cuando fueron probados. Se volvieron rebeldes a la voz de Dios y debido a su rebelión perdieron el "reposo" de Dios para ellos.

¿Sabes por qué tantos creyentes viven vidas confusas? La mayor parte de esto se puede atribuir a la rebelión contra el Dios Santo. El Espíritu Santo les mandó hacer un cambio aquí o allá, o simplemente confiar, pero ellos no se sometieron a la Palabra del Señor y como consecuencia ahora están viviendo una vida "sin reposo".

El Señor nos lleva a un desierto para que Él pueda probarnos. Después de que Su Palabra se cumpla en nuestros corazones, Él espera que tomemos una decisión. No se dirá más hasta que la decisión sea tomada.

Creo que este es el momento en el que empezamos a llamar a la gente y buscamos algo de simpatía en alguna parte, pero Dios no se moverá hasta que se tome una decisión.

En instante que comenzamos a pedir la opinión de otros, en lo más profundo de nuestro corazón, ya sabemos lo que necesitamos hacer con respecto a la visión de Dios. Si seguimos lo que nuestro espíritu nos está diciendo, encontraremos reposo.

EN DIOS LOS CREYENTES NUNCA FALLAN UNA PRUEBA, SIMPLEMENTE SIGUEN RETOMÁNDOLA HASTA QUE LA PASAN

Creo que el Señor es paciente, bueno y bondadoso. Creo que el Señor entiende por lo que pasamos y por lo tanto nos brinda su compasión y su abundante amor sobre nosotros, pero también comprendo que hay algunas lecciones que Dios tiene para mí y que ellas me ayudarán a llegar al lugar de reposo.

Las pruebas de Dios no son hechas para destruirme, sino para acercarme más a Él. Se hacen con el toque más tierno y con el avance espiritual en mente.

El Señor quiere promover mi vida a una relación más rica y profunda con Él, quiere que aprenda a disfrutar continuamente de Su presencia y tomar su promesa diariamente. Sus pruebas son simplemente para hacerme una persona que lo ponga primero a Él sobre todas las cosas.

EL SECRETO DE LA DISCIPLINA

"Mirad, hermanos, que no haya en ninguno de vosotros corazón malo de incredulidad para apartarse del Dios vivo." (Hebreos 3:12)

Ya hemos leído sobre cómo nuestros antepasados perdieron su bendición debido al pecado de la incredulidad. Creo que el Espíritu Santo nuevamente está llamándonos a un caminar renovados de fe en Él.

En Dios, obedecemos o desobedecemos, no hay un término medio. No hay un déjame pensarlo de nuevo. Debemos de aprender el secreto de la disciplina. El secreto de la disciplina está en ser ¡rápido para escuchar y rápido para obedecer!

Cuando el Señor te pida hacer algo específico, debemos actuar de inmediato. Es vital que practiquemos este principio en nuestra vida con Dios.

Apartarse del Dios viviente significa tener un corazón de incredulidad. Tu podrás decir: "¡Pero Pastor David, yo realmente amo a Jesús! Pero no puedo confiar en Él, no puedo confiar en Él con mi familia, trabajo, dinero, futuro, etc."

Una vez que ves a Cristo, no es cuestión de confianza, ¡sino de obediencia! El pecador que no ha conocido a Cristo, aún está tratando de decidir si confiar en Dios, pero nosotros que somos salvos, sabemos que podemos contar/confiar en Él. Así que para nosotros no es cuestión de confianza, sino de obediencia.

UNA VISITA DEL SEÑOR

La Tierra Prometida era un tipo o sombra de algo real. El reposo del cual el pasaje bíblico habla no es nada más que Jesús en sí mismo. Amén.

Cuando nos volvemos obedientes a Él, comenzamos a verlo a Él como realmente es, entonces empezamos a ser cambiados a Su semejanza.

Amar al Señor y obedecerlo es galardón más grande aquí en la tierra. Una visita del Señor tiene que ser la cosa más satisfactoria que le sucederá a un creyente antes de que vea a Jesús cara a cara.

"Respondió Jesús y le dijo: El que me ama, mi palabra guardará; y mi Padre le amará, y vendremos a él, y haremos morada con él." (Juan 14:23)

Para aquellos que desean ser obedientes al Señor en todas las cosas, prepárense, porque el Jesús y el Padre vendrán y harán su morada ¡contigo!

¿Estamos listos para seguir a Dios y empezar a experimentar el supremo llamamiento en Cristo Jesús? ¿Estamos dispuestos a invitarlo a hablar sabiendo que asumiremos la responsabilidad de las palabras que Él hable a nosotros? ¿Estamos listos para entrar en su reposo o para que Él entre en Su reposo en nuestros corazones? Selah

DESAFÍATE TÚ MISMO Y VE MÁS PROFUNDO CON JESÚS en el CAPÍTULO 24

1. Nuestra relación con Dios prácticamente determina el grado de nuestra obediencia si lo obedecemos o no. ¿tu relación con el Señor es más profunda este año de lo que era en el año anterior?

2. Cada vez que Dios habla a nuestros corazones a través del Espíritu Santo, somos responsables de llevar a cabo la revelación. ¿has obedecido a la última cosa que Dios te mando que hicieras?

3. ¿Sabías que en Dios no fallarás una prueba ¡Simplemente la seguirás retomando hasta que la pases! ¿Cuándo fue la última prueba de Dios para tu vida? ¿Cuál fue la prueba? ¿Avanzaste?

25

LA INCREDULIDAD, EL MAYOR OBSTÁCULO DE DIOS - *PARTE 3*

LA PALABRA PROFÉTICA DE DIOS DEBE APARECER PRIMERO, ANTES DE QUE CUALQUIER MOVIMIENTO EFECTIVO PUEDA SER HECHO.

"Y Jehová habló a Moisés, diciendo: Envía tú hombres que reconozcan la tierra de Canaán, la cual yo doy a los hijos de Israel; de cada tribu de sus padres enviaréis un varón, cada uno príncipe entre ellos." "Los envió, pues, Moisés a reconocer la tierra de Canaán, diciéndoles: Subid de aquí al Neguev, y subid al monte, y observad la tierra cómo es, y el pueblo que la habita, si es fuerte o débil, si poco o numeroso; cómo es la tierra habitada, si es buena o mala; y cómo son las ciudades habitadas, si son campamentos o plazas fortificadas; y cómo es el terreno, si es fértil o estéril, si en él hay árboles o no; y esforzaos, y tomad del fruto del país. Y era el tiempo de las primeras uvas. Y ellos subieron, y reconocieron la tierra desde el desierto de Zin hasta Rehob, entrando en Hamat. Y subieron al Neguev y vinieron hasta Hebrón; y allí estaban Ahimán, Sesai y Talmai, hijos de Anac. Hebrón fue edificada siete años antes de Zoán en Egipto. Y llegaron hasta el arroyo de Escol, y de allí cortaron un sarmiento con un racimo de uvas, el cual trajeron dos

en un palo, y de las granadas y de los higos. Y se llamó aquel lugar el Valle de Escol, por el racimo que cortaron de allí los hijos de Israel. Y volvieron de reconocer la tierra al fin de cuarenta días." (Números 13:1-2, 17-25)

Me parece muy interesante cómo el Señor guía y dirige a Sus hijos. Dios nunca nos pide que hagamos algo que Él no esté dispuesto a respaldar, pero Él nunca toma decisiones por nosotros, cuando se trata de nuestra obediencia, pero siempre reforzará nuestra decisión.

El plan de Dios es simple (como siempre lo es cuando Él está a cargo). El plan de Dios desde el principio era llevar a su pueblo al lugar donde fluye leche y miel. El anhelo de Dios era que Su pueblo entrara a un tiempo de gran prosperidad y de provisión divina. La intención de Dios era establecer a Su pueblo como "el pueblo de Dios."

Como siempre, Dios obra a través de Su pueblo, Dios logra su voluntad cumplida en la tierra a través de la obediencia de sus hijos. Esto parece ser una de las maneras más poderosas descritas a lo largo de las Escrituras donde Dios demuestra sus hechos poderosos – a través de Sus siervos, "los pocos".

Los hijos de Israel habían llegado una vez más al lugar donde debían tomar una decisión de seguir al Señor, pero esta vez, era dentro de la tierra de la Promesa. ¡Esto debería haber sido suficiente para que todo mundo se regocijara! Este (sin duda) fue uno de los grandes momentos en la historia de los hijos de los Hebreos.

El Señor habló a Moisés y le dijo: **"Envía tú hombres que reconozcan la tierra de Canaán, la cual yo doy a los hijos de Israel"** esta iba a ser la última prueba antes de que los hijos de Israel entraran en la tierra. Hasta este momento, Dios había sido paciente con los rebeldes hijos de Jacob, había soportado mucha indiferencia por parte de ellos y ahora les estaba dando la última prueba. Era la prueba de pruebas, si así quieres llamarla.

¿POR QUÉ DIOS NOS INVITA A VER LA PROMESA ANTES DE DÁRNOSLA?

Siempre me he preguntado ¿por qué Dios nos da preciosas promesas, sueños proféticos, visiones, o simplemente una revelación de la Escritura con respecto a nuestro futuro y luego no se cumple inmediatamente?

Creo que este relato histórico de los hijos de Israel en el libro de los Números provocará incertidumbre y esta contundente pregunta.

Honestamente creo que el Señor nos permite ver la belleza de la promesa y su cumplimiento por varias razones. L a primera razón por la cual se nos permite ver la promesa es para que la fe pueda impartirse sobre nuestro espíritu humano. Esto es cuando vemos con nuestros ojos espirituales lo que Dios tiene reservado para nosotros, pero primero debemos aprender a "aferrarnos" a Dios y tener paciencia para que Su palabra se cumpla en nosotros, "**…a fin de que no os hagáis perezosos, sino imitadores de aquellos que por la fe y la paciencia heredan las promesas.**" (Hebreos 6:12)

No obtenemos fe trabajando en esto, recibiremos fe esperando en Dios.

La segunda razón por la que se nos muestra la promesa es para que comprendamos nuestra carencia de poder para conquistar cualquier cosa en la carne.

Dios nunca nos llamó a hacer algo por Él con nuestras propias fuerzas. Sin duda podemos intentar hacerlo, pero nos quemaremos y nos agotaremos físicamente y emocionalmente.

ERA EL DESEO DE DIOS, NO DEL HOMBRE- ¡POSEER LA TIERRA!

"Y anduvieron y vinieron a Moisés y a Aarón, y a toda la congregación de los hijos de Israel, en el desierto de Parán, en Cades, y dieron la información a ellos y a toda la congregación, y les mostraron el fruto de la tierra. Y les contaron, diciendo: Nosotros llegamos a la tierra a la cual nos enviaste, la que ciertamente fluye leche y miel; y este es el fruto de ella. Mas el pueblo que habita aquella tierra es fuerte, y las ciudades muy grandes y fortificadas; y también vimos allí a los hijos de Anac. Amalec habita el Neguev, y el heteo, el jebuseo y el amorreo habitan en el monte, y el cananeo habita junto al mar, y a la ribera del Jordán." (Números 13:26-29)

"Mas los varones que subieron con él, dijeron: No podremos subir contra aquel pueblo, porque es más fuerte que nosotros. Y hablaron mal entre los hijos de Israel, de la tierra que habían reconocido, diciendo: La tierra por donde pasamos para reconocerla, es tierra que traga a sus moradores; y todo el pueblo que vimos en medio de ella son hombres de grande estatura. También vimos allí gigantes, hijos de Anac, raza de los gigantes, y éramos nosotros, a nuestro parecer, como langostas; y así les parecíamos a ellos." (Números 13:31-33)

Después de que Dios les había prometido una tierra donde fluía leche y miel, le mandó a Moisés que enviara doce espías (estos representan liderazgo). El deseo de Dios para Su pueblo entrar en esta bendición tan esperada.

Los siervos de Dios fueron con el favor de Dios sobre ellos a espiar esta tierra y traer un informe de sus hallazgos.

En algún momento en particular en su aventura que era plan de Dios, esto se convirtió en una carga para el hombre. El hombre comenzó a hacer lo que era celestial en algo terrenal. El hombre empezó a sentir que era su responsabilidad cumplir el sueño de Dios a su propia manera. Esto puede ser abrumador si entiendes a lo que me refiero.

Queridos miembros de "los pocos", ¡esto es algo que incluso hoy seguimos haciendo constantemente en nuestro caminar con Cristo!

Jesús nos da una palabra profética o una promesa para un tiempo futuro y nosotros comenzamos a averiguar métodos y empezamos a hacer estrategias de varias formas para que esta promesa se cumpla.

Las promesas del Señor son hechas por Él y solo por Él. Dios no nos revela todo para que no nos quebremos nuestras cabezas tratando de averiguar cómo realizarlo.

El grave error que los hijos de Israel cometieron fue que tomaron esta visión de Dios y la hicieron su propia responsabilidad personal en lugar de apoyarse en el brazo del Señor para hacerlo como Él ya lo había hecho antes.

¿Es de extrañarse que sus corazones estuvieran atrapados por el miedo cuando vieron a los gigantes de Anac allí? ¿No es de extrañarse que hoy muchos creyentes fracasan en sus vidas o en sus esfuerzos, todo porque quitan la promesa que está en las manos de Dios y la ponen en sus propias manos?

No puedo enfatizar este punto lo suficiente: los hijos de Israel fallaron porque no vieron que el sueño de Dios era para ellos, rápidamente se olvidaron que era el sueño de Dios, no el de ellos. ¡El sueño de Dios solo puede ser realizado a la manera de Dios y en el tiempo de Dios!

CALEB Y JOSUÉ, HOMBRES DE ESPIRITU DIFERENTE

"Entonces Caleb hizo callar al pueblo delante de Moisés, y dijo: Subamos luego, y tomemos posesión de ella; porque más podremos nosotros que ellos." (Números 13:30)

"Y Josué hijo de Nun y Caleb hijo de Jefone, que eran de los que habían reconocido la tierra, rompieron sus vestidos, y hablaron a toda la congregación de los hijos de Israel, diciendo: La tierra por donde pasamos para reconocerla, es tierra en gran manera buena. Si Jehová se agradare de nosotros, él nos llevará a esta tierra, y nos la entregará; tierra que fluye leche y miel. Por tanto, no seáis rebeldes contra Jehová, ni temáis al pueblo de esta tierra; porque nosotros los comeremos como pan; su amparo se ha apartado de ellos, y con nosotros está Je-

hová; no los temáis. Entonces toda la multitud habló de apedrearlos." (Números 14:6-10)

De todo ese pueblo que salió de Egipto desde la primera generación, Caleb y Josué tuvieron un corazón para seguir al Señor completamente.

Estos siervos del Señor no se entregaron a sus deseos carnales ni hicieron de los planes de Dios algo terrenal. Estaban firmemente convencidos de lo que Dios les había prometido y que Él también era capaz de realizarlo.

Josué y Caleb pensaron de la misma manera, estaban tan llenos de la fe en Dios que entendieron que no era su batalla, sino la de Dios.

EL SEÑOR SE DELEITA EN AQUELLOS QUE SE DELEITAN EN EL

"Si Jehová se agradare de nosotros, él nos llevará a esta tierra, y nos la entregará; tierra que fluye leche y miel." (Números 14:8)

Caleb y Josué se deleitaron (deleitarse en Hebreo es chaphets, la cual significa, tomar placer en, desear, estar contento con) en el mandato del Señor.

En otras palabras, el mandato de Dios para ellos era suficiente para creer, no necesitaban ningún apoyo o algún truco para creer en la palabra de Dios.

Caleb y Josué entendieron que lo único que necesitaban hacer era ¡Obedecer lo que habían escuchado! ¡La palabra de Dios era suficiente para atravesar cada obstáculo que se interpusiera en su camino!

No había en el mundo un "gigante" lo suficientemente grande que pudiera asustar a estos hombres de Dios, estos hombres de espíritu diferente, estos miembros de ¡"los pocos"!

DESAFÍATE TÚ MISMO Y VE MÁS PROFUNDO CON JESÚS en el CAPÍTULO 25

1. ¿Puedes recordar la última vez que Dios te desafío a dar un paso de fe y lo difícil que fue? Comparte tu experiencia.

2. Una cosa es hacer lo que tú quieres hacer, y otra cosa totalmente diferente es lo que Dios quiere hacer.

3. Mantén siempre tus oídos y ojos espirituales abiertos a la voz de Dios.

4. Dios nos mostrará Su visión de alguna cosa

y entonces nos dará fe para que podamos realizarla. ¿Sigues esperando pacientemente que tu visión llegue? ¿Te resulta difícil esperar en el Señor por ella?

5. Dios tiene grandes planes para ti y para mí. Lo único es que debemos avanzar en Su tiempo y en Su sabiduría. Esto puede ser una prueba difícil, toma un tiempo para estudiar las formas en que Dios hacía milagros en el antiguo Testamento.

6. Caleb y Josué fueron hombres de espíritu diferente. Dios lo eliigió para ser una compañía de siervos fieles, ¿Eres un siervo fiel?

INFORMACION GENERAL

Para obtener mas libros escritos por David Mayorga, favor de ir a la pagina de internet:

www.shabarpublications.com

Para informacion del ministerio Masterbuilder Ministries, envie su correo electronico a

mayorga1126@gmail.com

Tambien puede visitar nuestra pagina de internet:

www.masterbuildertx.com

Nuestras Oficinas de minsiterio estan localizadas:

**Masterbuilder Ministries, Inc.
3833 N. Taylor Rd.
Palmhurst, Texas 78573**

www.ingramcontent.com/pod-product-compliance
Lightning Source LLC
Chambersburg PA
CBHW070600300426
44113CB00010B/1332